B

黑·塞·经·典

Schön ist die Juqend

美丽的青春

[德] 赫尔曼·黑塞

—— 著 ——

陈晓南

—— 译 ——

HERMANN HESSE

GUANGXI NORMAL UNIVERSITY PRESS
广西师范大学出版社
·桂林·

赫尔曼·黑塞

永远属于年轻一代的作家
德国浪漫派最后一位骑士

永恒童年

1877 年 7 月 2 日，德国南部施瓦本地方的小镇卡尔夫，一对在当地颇有名望的夫妇迎来了他们的第二个孩子。妻子玛丽·肯德尔特爱好音乐，丈夫约翰涅斯·黑塞则是一位喜好文学的传教士。这是一个将被世界文学史铭记的日子：他们以玛丽父亲——著名传教士、印度文化学者赫尔曼·肯德尔特——之名，为长子取名"赫尔曼·黑塞"。

这个充满艺术气息的家，家庭氛围友好，父母和兄弟姐妹皆友爱互敬。小城卡尔夫，则是一个充满新鲜的干草气味和酸甜的苹果芳香的美丽山城，黑塞九岁时一家从瑞士巴塞尔迁居回此。此后七年里，他便在这"黑色森林里的古老小城"度过了其终身怀念的童年时光；童年是"一幅镶有金边的深色图画"，赋予黑塞永恒的慰藉与安宁。

黑塞的想象力和创造力在游戏、孩童幻想、山野漫步、父母所讲的美妙故事中肆意生长，同时滋长的，还有独属于诗人的忧郁——施瓦本地区曾诞生过席勒、谢林、荷尔德林等著名诗人，黑塞本人，则是五岁就开始写诗了。乐园般的生活中，时不时便有莫名的不安与恐惧攫住幼小的黑塞，带着这种纤细与敏感，黑塞即将迎来几乎是注定痛苦的求学生涯；与之前金色的日子相对，求学生涯以另一种阴郁的色调被刻进黑塞的人生中，成为他文学创作的养料。

十四岁时，黑塞考入莫尔布龙神学院；就其家族传统而言，成为牧师几乎是他毫无悬念的人生规划。在图宾根的拉丁语学校学习一年后，黑塞便成功通过了考试。然而，神学院古板的生活和填鸭式的教育却几乎摧毁了这个浪漫而欢快的孩子，黑塞患上了失眠和神经衰弱。第二年春天，黑塞便逃离了莫尔布龙神学院，后被家人转到坎斯塔特的高中。新学校的生活并没有好起来，黑塞甚至卖掉教科书，两次买了手枪企图自杀，只能休学。休学后，黑塞曾短暂地在一家书店当店员，然而工作不到三天，他便又逃离了。

后来，大约有七个月的时间里，黑塞协助父亲处理工作，有时候也做做园丁。不久后，十七岁的黑塞到卡尔夫的工厂做了见习工，但他并不满足于这份工作。这个脱轨的前学生把自己的生活搞得一团糟，他终日沉迷在屠格涅夫和海涅的作品里，只有诗歌才能激起他的热情。但父母认为做诗人，生活没有保障，而他一时也无法找到走向诗人的路。家族的期望令他痛苦，但家人的爱又让他重新思考。

黑塞仍然决定成为一名诗人——"神送给我们绝望，不是要杀死我们，而是想唤醒我们心里的新生命。"黑塞在晚年的著作《玻璃球游戏》中写道。

1895 年 10 月，也许是认为无论如何需要通过书籍走出第一步，黑塞"回到了"书店：他到图宾根大学城的赫肯豪书店当见习店员——如果从神学预备学校正式毕业，他本应成为这里的大学生。黑塞在这里一边工作，一边阅读，一边写诗。三年后，他成为正式的书店店员。

在此期间，十九岁时，黑塞首次在维也纳的小杂志发表诗作。

漫长夏日

1899 年，由于没有任何出版社愿意为一位名不见经传的书店店员出版诗集，二十二岁的黑塞自费出版第一本诗集《浪漫之歌》，这是一本只有 44 页的小册子，这本诗集如一颗小小砂子跌落池塘，甚至没有激起一丝涟漪，接着，他又出版散文集《午夜后的一小时》，印了 600 本，但在一年的时间里只售出 53 本。同年秋末，黑塞转往巴塞尔莱席书店任职，并在这家书店的支持下出版了诗文集《赫尔曼·洛雪尔》。这本书充满了黑塞对母亲的感激与爱意，在黑塞少年时期最黑暗的日子里，尤其是母亲的支持与爱，让他找到了自己的道路。

第二年，黑塞完成《诗集》一书，诗人卡尔·布瑟将其列入《德国新诗人丛书》，欣喜若狂的黑塞以此作为自己成为诗人的证据，并将《诗集》献给母亲，但此书正式出版时，黑塞的母亲已经过世。

黑塞继续写作。菲舍尔出版社的著名出版商萨穆埃尔·菲舍尔给黑塞寄去一封信，信中极力赞赏他的作品《赫尔曼·洛雪尔》，并向他约稿新作。1904 年，柏林菲舍尔出版社出版了黑塞首部长篇小说《乡愁：彼得·卡门青》，此书一经出版便轰动市场，广受好评，这部首印 1000 册的书，短短两年就卖出了 36000 册。

黑塞在二十七岁时终于一举成名。长久的彷徨之后，这算是迟来的春天。这一年，他还经历了另一件人生大事：他与玛丽亚·佩诺利结婚，移居博登湖畔的美丽小村盖恩霍芬，在宁谧的大自然与朴素的田园生活中，专心创作。寓居盖恩霍芬期间，经常有诗人、画家和音乐家出入黑塞家，而玛丽亚本人便是杰出的钢琴家。在这段日子里，黑塞的长子布鲁诺和次子海纳诞生了，他的两部极为重要的长篇小说：自传小说《在轮下：心灵的归宿》和音乐家小说《生命之歌：盖特露德》——也诞生了。

一切看似都很顺利，但这看似无忧无虑的时光早已蒙上阴翳：婚姻中的摩擦、妻子的精神问题、黑塞与生俱来的流浪癖，以及他对欧洲的厌倦之情，使黑塞逐渐无法忍受安居在这个田园。1911 年夏天到年底，反复思量后，黑塞终于动身，去往他梦寐以求的东方：新加坡、苏门答腊、斯里兰卡和印度等地，黑塞失望地看到一个饱受殖民痛苦的东方，但此行对他的人生和创作来讲都意义深远——包括他之后的著作《悉达多：流浪者之歌》《玻璃球游戏》等。黑塞的东方情结则一直持续到人生的最后，他陶醉于日本的禅学和中国的道家思想，在庭院里种植竹子和山茶，度过了他精研生死之道的晚年。

黑塞将这次经历写成《印度纪行》，在《印度纪行》出版的第二年，1914 年 7 月，第一次世界大战爆发了。

昨日世界

第一次世界大战爆发时，黑塞本人正处于严重的现实和精神危机中：他独居在亡友的别墅里，妻子因抑郁症恶化而入院，三个孩子被分别寄在友人处。第一次世界大战的降临对包括黑塞在内的许多文人志士来讲都是一种痛苦的幻灭，摧毁了所有人的生活。然而，痛苦之中，在战争爆发后的第三个月，黑塞便发表了《朋友啊，放弃那种笔调！》，呼吁人们停止盲目地赞美战争，停止煽动仇恨。然而，这种人道主义诉求，竟让他立刻被德国当局视为背叛者、卖国贼，黑塞由此受到控诉，还被新闻媒体排斥，但他依然坚持和平主义的立场，发表反战言论。同时慰问德国战俘，为其奔走。

孤立无援的黑塞笔耕不辍，陆续完成了《艺术家的命运：罗斯哈尔德》《孤独者的音乐》和《漂泊的灵魂：克努尔普》。这时，同样主张和平、受到打压的罗曼·罗兰特意前来拜访黑塞，两人结为挚友。对此时的黑塞而言，这是他心灵上的最大支柱。两人的友谊和通信一直持续到罗曼·罗兰在第二次世界大战末去世为止。后来,黑塞将政治随笔集《战争与和平》献给罗曼·罗兰。

1916 年,战争仍然继续着,黑塞的个人生活却在战争的痛苦中遭受进一步的打击:他的父亲去世了,三子马丁病重,妻子玛丽亚的精神疾病日趋严重。黑塞因身心交瘁罹患神经衰弱,接受著名精神分析学家荣格的学生 J.B. 朗格的治疗,住进疗养院;在这段时间里,他开始迷上水彩画,这一时的疗愈最终成为他终生的爱好。

1918 年,第一次世界大战结束了;1919 年,黑塞以"辛克莱"为笔名发表了探寻自我的经典之作《德米安:彷徨少年时》,这部反省与清算的杰作对战败后虚脱的德国青年来讲无异于当头棒喝。无名新人"辛克莱"由此获得柏林市新人文学奖——冯塔纳奖。但很快,组委会便发现"辛克莱"是黑塞,于是收回了新人奖。无论如何,黑塞获得了重生。

黑塞的人生渐渐回归平稳,他在四十五岁时创作了《悉达多:流浪者之歌》,五十岁时创作了《荒原狼》,五十三岁时创作了《精神与爱欲:纳尔齐斯与歌尔德蒙》。他和妻子玛丽亚离婚,又和露蒂·布恩卡有了三年的短暂婚姻,最终遇到了终身伴侣妮侬·杜鲁宾,两人于 1931 年 11 月结婚。

第二次世界大战爆发时,黑塞幸而已定居瑞士并成为瑞士公民,他不遗余力地协助从纳粹德国逃出的流亡者,被纳粹德国列为"不受欢迎的作家",其作品被查禁和销毁。在这样的情况下,黑塞完成了他篇幅最长的巨著《玻璃球游戏》,描述其精神文化的理想国。1943年,两卷本《玻璃球游戏》得以在瑞士出版。

1945年,第二次世界大战结束。第二年,黑塞获得新生联邦德国授予的歌德文学奖,同年,又获诺贝尔文学奖。风暴渐停,昨日远去。1952年联邦德国及瑞士为黑塞庆祝七十五岁生日,同时出版了《黑塞全集》。

年老的黑塞因痛风和眼疾,不得不放弃撰写长篇作品,专精散文和诗歌。将读者视为"共同苦恼者"的他,还热心地回复读者来信,一生回信竟达35000封之多。

1962年,世界各国的读者争相为黑塞庆祝他的八十五岁生日;生日后不久,黑塞于1962年8月9日在睡梦中与世长辞。

目录

美丽的青春 /001

秋之旅 /051

忆童年 /093

婚事 /121

大旋风 /149

后记 /172

我的小传 /180

黑塞年谱 /202

美丽的青春

就连我叔父，也很为我的回乡而欣慰——一个在异乡漂泊了几年的青年，一旦他衣锦还乡时，即使是老成持重的亲友父老们，也会含笑欢迎游子归来吧！

我的褐色小皮箱，上边有牢固的锁扣和发亮的皮带，箱里放着两件漂亮衣服，许多换洗衣裳，一双新皮鞋，几本书，几张照片，两根精致的烟斗，一把小手枪；此外，我还带着一只提琴箱，一个装着零用东西的背囊，两顶帽子，一根手杖，一把伞，一件短大衣和一双套鞋：一切都是新的，结实而耐用。尤其在我胸前的口袋里还装着二百马克和一封信，凭着这封信，秋天到外国去便可以得到一个好差使。总而言之，我的行头是十分可观的。我已离开故乡多年，当时我还是个畏怯而需要人照顾的大孩子，现在却俨然以绅士的派头回到故乡来。

火车缓慢地转了几个大弯，驶下山坡。每转一个弯，山下城中的房屋、街道、河流和花园就越发移近，越发显明。

不久我就能看见那些屋顶，辨别出其中我所熟悉的，甚至能够飞出窗户，认出鹳鸟的巢穴了。当火车开到平地时，心头不断地涌起孩提时代许多甜美的回忆，而我想向亲友们炫耀的心情反而消逝了，代之而起的是一种亲切的惊喜。几年来不再扰我的思乡之情，如今又强有力地支配着我。铁路近旁的每一丛金雀花和每一个熟悉的篱笆，我都觉得出奇的可爱，我请求它们原谅，原谅我长久以来遗忘了它们，离开了它们。

当火车在我家的花园驶过时，有人立在老屋的最高窗上，用一块大手巾挥动着，那必定是父亲；母亲站在屋门前，我家的丫头也在那里，围着一块头巾。从那最高的烟囱上冒出一缕蓝色的轻烟，那是煮咖啡的炉火发出来的，它升入温暖的空气里，然后缓缓消失在小城的上空。现在这一切又属于我，它等待着我，欢迎着我归来。

那个年老的蓄着胡子的行李员，和从前一样兴奋地在火车站跑来跑去，把铁道的人群驱散。我看见我的妹妹和弟弟站在人群里边，怀着无限希望东张西望地寻找我。我的弟弟带来一个手推车搬运我的行李，那小车是我们小时候一件得意的玩意儿。我们把皮箱和背囊装在车上，弟弟佛理慈推着，我和妹妹在后边走。她责备我不该把头发剪得那么短，但是她觉得我的胡子很好看，我的新皮箱也很精致。我们握着手，边走边谈，时常向佛理慈点头招呼，他在前面推车，不时掉过身来。他长得和我一样高，而且很魁梧。他在我前面走着，我突然想起来，我从前时常因为争吵而打他。我记起他的红脸颊，和他那受辱时的悲哀眼神，从而感到一种痛苦的忏悔；这种忏悔，在小时候，每当我愤怒平息时，总会发生的。而他现在已成年，在我面前迈着大步，颏下已经有初生的胡子了。

我们穿过那条林荫路，路旁栽植着樱桃树和画眉果树，我们挨着小路走。走过了那新开的商店和那些旧有的房子旁边。随后走到桥头，父亲的房子就在那里。房子的窗户开着，我听见我们的鹦鹉在里面叫着。于是我的心在回忆和愉快中跳动起来。我从那个阴凉的屋门和那个大石门进去，急速地登上楼梯，父亲就在楼梯上迎接我。他亲吻我，微笑着拍着我的肩膀，然后一声不响地拉着我的手，引我到上面走廊的门；母亲等候在门边，把我抱在怀里。

这时候，那个名叫克丽丝娣的丫头也跑来，伸手给我。我在这个预备好了咖啡的起居室里，看望那只鹦鹉宝丽。它马上认出我来了，它从笼顶的边缘跳到我的指头上，低下它那灰色美丽的头，让我抚摸。房里裱得十分新鲜，此外一切的东西，从祖父母的画像、玻璃橱柜起，直到那旧式的画着紫斑花的座钟，都没有什么变动。几个杯子放在蒙着桌布的桌上，我的杯里插着一小束的香草，我把它拿来端详，然后戴在衣襟上。

母亲坐在我的对面，向我端详着，又把牛奶糕放在我面前；她叫我不要因为谈话而忘记吃东西，可是她自己却接连着提出问题来，这些问题都是我必须回答的。父亲默然听着，摸弄着他那灰白的胡子，透过眼镜露出和蔼的眼光看着我。当我并不过分谦虚地叙述我的经历、事业和成绩时，我觉得我首先要感谢这两位老人。

头一天，我只想去看看这所祖传的老家，其他的事情，明天还有充分时间去做。因此，喝完咖啡之后，我们便穿过各个房间、厨房、走廊和几个卧室，一切的东西大都和过去一样，有些东西在我看来是新的，别人却认为它已经陈旧。他们还争论着，这些东西是我在家时就有的，还是后来才有的。

我家的小花园靠近山坡，被爬满常春藤的墙垣包围着；午后的阳光照在园里洁净的道路和钟乳石的栏杆上，照在那装着半桶水的水桶上和那艳丽绚烂的花坛上，一切都在微笑。我们坐在廊下舒适的椅子上，温暖而带有绿意的太阳光，透过叶缝，泻到地上，几只找不到窝的蜜蜂在树叶间东摇西晃地嗡嗡飞着。父亲为了我的归来，脱下帽子向上帝祈祷感恩，我们合着掌，静静地立着；虽然这不寻常的祷告让我有些难受，我仍然愉快地听着那些古旧的祷词，而且虔诚地说一声"阿门"。

随后父亲走到他的书室里去，弟妹也跑开了，四周静寂，我和母亲坐在桌旁。我一向就害怕这种时刻到来，因为即使我回家来是愉快的，受人欢迎的，可是我近几年来的生活并不是洁白无瑕的。

母亲用美丽而温和的眼睛向我凝视着，端详着我的脸孔，或许她是在思考着她应当说些什么话和应当提出什么问题。我沉默着，心情迷乱，玩弄着指头，等待她拷问。母亲虽然不会问我不名誉的事，可是总有些令人羞愧的地方。

她静静地注视了我的眼睛好一会儿，接着把我的手放在她的秀丽的小手里。

"你有时候还做点儿祈祷吗？"她低声问。

"最近没有。"我不得不照实说，她有些忧虑地盯着我。

"你以后应当再学习祈祷才是。"她接着说。

我说："以后再说！"

她沉默一会儿，终于说道："可是你总要做一个正直的人吧！"

我只好说是的，而她也不再提出那些麻烦的问题了。她抚摸着我的手，对我点点头，仿佛表示信任我，甚至用不着我向她认罪。接着她问起我的服装和换洗的衣裳，因为近两年来，我都自己料理，没有拿回家来洗补。

"我们明天去各处看看。"当我回答了她的问题以后，这个拷问便这样结束了。

不一会儿，妹妹把我拉到屋里去。在那个"美丽的房间"里，她坐在钢琴旁边，拿出以前的乐谱来，这些歌曲我虽然很久没有听也没有唱了，可是还没忘记。我们唱着舒伯特和舒曼的歌、纪尔夏的歌，德国和外国的民谣，一直唱到晚餐时。当我和鹦鹉交谈时，妹妹正在收拾饭桌。

这只鹦鹉虽然叫宝丽，是个女人的名字，却是一只雄的。它会说很多的话，模仿我们的音调和我们的笑声，它同每个人的交情有亲疏的不同：和我父亲最亲密，无论他要怎样，它都可以；其次是弟弟；其次妈妈；再其次是我；最后是妹妹，它不大信任我的妹妹。

宝丽是我们家养的唯一动物，二十年来就像个小孩住在我们家里。它喜欢听人说话，喜欢听人笑，喜欢听音乐，可是不能太靠近它。当它每次听见邻近房间热闹地谈话时，就仔细倾听着，并且会以亲切的、讽刺的态度，说着或笑着。有很多回，当它悠闲而孤零地蹲在它攀登的铁条上时，空气是寂静的，阳光和暖地照在房子里头，它便会唱出一种好像吹笛的声音，用深沉而优美的音调来赞美生活，歌颂上帝。那声音含有庄严、敦厚而亲切的意味，仿佛一个单独游玩的小孩无心唱出来的歌声。

晚餐后，我浇灌花园花了半个钟头，当我把衣服弄得又脏又湿地走回来时，我听见从走廊那边传来有点儿熟悉的姑娘的声音。我赶紧用手帕把手擦干净，走了进去。那儿坐着一位大姑娘，身上穿着一件淡紫色的衣服，头上戴着一顶宽大的草帽。她站起来，注视我，把手伸给我，我认出她是海莲娜·克尔慈，她是我妹妹的女友，我曾爱恋过她。

"还记得我吗？"我愉快地问。

"绿蒂已经告诉我您回来了。"她和蔼地说。如果她只简单地说一个"是"字，那一定会使我更快乐的。她已经长得亭亭玉立。我不晓得再说些什么话才好，当她和母亲、绿蒂谈话的时候，我便往窗户旁边的那盆花走去。

我睁眼望着街上，手指玩弄着天竺葵的叶子，但我的心思并不在那儿。我想起那年冬天的一个下午，天空是蔚蓝的，天气十分寒冷，我穿着冰鞋在河面上滑冰，两旁栽植着高大的赤杨树。我以生疏的姿态溜了一个半圆形，远远地跟着一位小姑娘，那时她年纪还小，不能滑冰，由一位女朋友拉着她走。

现在她的声音比先前更圆润、更动人了，虽然她现在就在我眼前，我却觉得十分生疏。她已经是个美貌的少女了，我则觉得自己没有长高，没有长大，仿佛永远只是十五岁。她走时，我又同她握了一次手，而且不必要地向她深深鞠了一个躬说："晚安！克尔慈小姐。"

"她是回家去吗？"她走了以后，我问妹妹。

"不回家到哪里去呢？"绿蒂这样说，我便不再往下说了。

刚到 10 点钟大门就关上了，父亲和母亲都已就寝。晚安亲吻以后，父亲把胳臂放在我的肩上低声地说："很高兴你又回来了，你也高兴吗？"

大家都入梦了，丫头也道了晚安，把几个房门关闭了以后，整个房屋都沉入无边沉寂的幽静之中了。

我预先拿来一杯冰凉的啤酒，放在我房里的桌子上；因为我家的起居室不许抽烟，我只好在我房里装上一管烟，点燃起来。房里的两个窗户朝向那黑暗幽静的院落，院落里有一个石砌的台阶可通到花园，我看见黑漆漆的松林耸立在天空，星光在那顶上闪烁着。

过了一个钟头我还无法入睡，看见那些小小的飞蛾在灯火周围飞舞着，我慢慢地向着打开的窗户喷着烟。我的心田里掠过一长列优美的图画，那是我童年时在故乡的生活写照。它一幅幅地浮现，焕发着光彩，随即又消失，好像海上的波纹一样。

为了要让亲友们羡慕我，为了要证明我在外地的生活过得很好，而不是像穷鬼一样回到故乡来的，于是我在早晨便把最漂亮的服装穿上。夏天的天空显出蔚蓝的颜色，白色的街道上扬起了轻微的尘雾，驿站前面停放着几辆从森林村落里驶来的驿车，街道上的小孩们玩着水枪和羊毛球。

我首先走上那个旧石桥，那是这小城中最古老的建筑物。我看到桥边的歌德式的小礼拜堂，我曾经在它面前跑过几百几千次。随后我靠在栏杆上，审视着那急流的河水的两岸景物。那个墙上画了轮子的旧磨坊已经不见了，一所新建筑的巨大的砖房代替了它，其余的东西没有什么变动；无数的鹅鸭和往常一样在岸边和水上漫游着。

在桥头上，我遇到第一个熟人，他是我以前的同学，现在做了皮匠。他围着一件发亮的橙黄色围裙，以不敢确定的试探态度对我注视着，没有完全把我认出来。我很愉快地向他点头，走了过去，他看着我的身影，显出寻思的样子。工厂的窗户旁有一个铜匠，他雪白的胡子十分好看，我向他打个招呼。随后又看到一个操作机的工人，轮带轧轧地作响，他拿一撮鼻烟给我。不久，我走到广场来，广场上有喷泉和幽静的市政大厅。那边还有个书店，虽然以前我曾因为从这家书店买过一本海涅的著作，而使我蒙了恶名，可是我仍然走进去，买了一支铅笔和一张风景明信片。从那里到学校并不远，我顺便去看看旧校舍。当我在校门附近闻到那种熟悉而沉闷的学校气味时，我便气呼呼地跑开了，往教堂和牧师的住宅跑去。

当我荡了几条小街道，在理发馆里刮了胡子之后，已经10点钟，我要拜访马太叔父的时间到了。我从那美丽的院落走进他那秀雅的住宅里去，在阴凉的走廊上我先把裤子上的灰土弹去，然后敲门。婶母在客厅里，两位堂妹坐在她的旁边，叔父已经出去办公了。房子里面的一切，散发出一种纯洁的、旧式的、勤奋的精神，虽然有些严峻刻板，而且太明显地倾向于实用，可是仍然令人感觉沉静、安全。这里的东西经常地洗涮、打扫、编缝、编织是不待说的，但是姑娘们还是有时间来学习动听的音乐。这两位姑娘都能弹钢琴和唱歌，即使她们不认识最近的作曲家，可是她们对于巴赫、海顿、莫扎特的作品都很熟悉。

婶母跳起来欢迎我，堂妹也把针线放好，站起来跟我握手。她们把我当作贵客看待，把我引进那间华美的客厅里去，真使我诧异。贝尔达婶母毫不理会我的推辞，便端来一杯葡萄酒和一些糕饼放在我的面前。接着她坐在我对面的大椅子上，堂妹们在客厅外面继续工作。

昨天我慈祥的母亲问我的问题，她现在又提出来了，而我也不想把不甚端正的事情说得光明正大。我的婶母对于那些受人崇敬的传道士十分景仰，她仔细地问我关于我到过城市的教堂和牧师的情形。当我用意志克服了某些悲哀感情时，我们共同惋惜在十年前死去的那位有名的牧师，如果他还活着的话，那我在斯徒嘉德一定可以听到他的布道。

话题转到我的命运、经历和前途，他们都觉得我运气很好，我所走的路是正当的。

"六年前谁想得到这个呢！"她感慨地说。

"那时候我那样令人悲观吗？"我忍不住地问。

"不像你所说的那样坏，不过那时候你的父母真是为你十分忧愁呢。"

我想说"我也是那样的"，不过她说的是好意，我便不再争论。

"的确是真的。"我诚恳地点着头。

"你差不多各种职业都试过了？"

"当然哪！婶婶，可是我并不懊悔，就是现在的职业，我也不愿意永远干下去啊！"

"不！别这样说，哪里能找到像这样好的职业呢？每月有二百马克收入，年轻人有这种收入已经很不错了！"

"谁知道那能继续多久啊？婶婶。"

"别这么说！假如你好好地干，自然可以继续做下去的。"

"是的，但愿如此。不过我现在要到楼上莉德亚大伯母那儿去，回头还要到事务所去看叔父。再见，贝尔达婶婶。"

"再会，希望你再来玩。"

"好的，我一定会来！"

我向那两位堂妹告别之后，又在房门那儿向婶母告别。接着我登上那宽敞明亮的楼梯。如果说我刚才感觉有点儿旧式风味的话，那么我现在所感觉的风味，更要古老多了。楼上两间小房里住着一位八十岁的叔婆，她和从前一样以温柔和殷勤来接待我。房里挂着大伯母双亲的水彩画像，玻璃珠绣的挂毡，还有上边绣着花卉和风景的荷包，椭圆形的镜框，空气里散布着檀香木的陈旧而迷人的香味。

　　莉德亚伯母穿着淡紫色的衣服，剪裁得十分朴素，除了她的眼睛近视，头部有点儿发抖之外，她还表现出惊人的壮健和年轻。她把我拉到一张小沙发上去，并不对我说起祖父时代的事情，却问起我的生活和意见，她对于这一切都很注意，很关心。她虽然年老了，虽然外貌上仿佛离开现世已经很久了，可是她在两年前还常常去旅行；对于现代的世界，她固然不完全赞同，却有一种明了而无恶意的观念，她会随时充实刷新着她的观念。所以她的谈话可爱而温雅；别人在她旁边时，她的话说个没完，但总是有趣而动人的。

　　当我起身要离开时，她吻我，用一种祝福的手势送我走，这种手势在别人身上是无法见到的。

　　接着我到事务所去拜访马太叔父，他在那里看报纸和货品目录。我本来打算来一下就走的，这样一来就让我容易实现原来的决心了。

"你又回到故乡来了？"他说。

"是的，又回来了。我离家已经很久了。"

"据说你现在混得很好，是吗？"

"还不错，谢谢！"

"你要去看看你的婶母吧？"

"我已经去过了。"

"好极了！好极了！"

接着他的眼睛又看到书上，把手伸给我，因为他伸得很准，我很快就握到他的手，然后愉快地离开。例行的拜访已经完毕，我回家去吃饭，家里为了款待我，特别为我做了米饭和牛肉。吃完饭后，我的弟弟佛理慈把我拉到他的小房里去，那里有我从前采集的蝴蝶标本，用玻璃套着挂在墙壁上面。妹妹也想一起谈天，把头伸进门来，可是佛理慈神气活现地使了一个眼色说："不，我们有秘密的事儿。"随后他以试探的眼光盯着我，因为他在我脸上已看出我的好奇心来了。他在床下拉出一个箱子来，箱盖上有一块铁板，还用许多坚硬的石子压着。

"猜猜，这里头是什么玩意儿？"他低声调皮地说。

我寻思着我们以前所喜好的东西和所做的事情，我猜着说："蜥蜴。"

"不是。"

“蛇？”

“不是。”

“毛虫？”

“不，不是活的东西。”

“不是？为什么这箱子保护得这么周密？”

“里头有比毛虫还危险的东西。”

“危险的东西？啊哈——是火药吧？”

他没有答复我，就把盖子揭开了。箱子里像个小兵工厂，里面有各种火药做成的小粒、木炭、火绒、火绳、硫黄块，装硝石和铁屑的纸匣。“你看好不好？”

我知道，如果我父亲晓得他的房里有这些东西的话，那他晚上一定会吓得睡不着的，可是佛理慈喜不自胜，我慎重地表示这个意见，但经他劝慰之后，我也放心了。我在精神上已成为共犯者，我喜欢放花炮，如同学徒们喜欢圣诞夜一样。

“你也来做好吗？”

“好的，我们晚间可以在花园里放，不是吗？”

“自然可以。我最近在外边的草地上放了一个用半磅火药做成的炸弹，那炸弹打得好像地震一样。不过我现在没有钱了，我们还需要好多材料。”

“我出一块钱。”

"好极了！你真是大好人。我们有烟火、花炮和鞭炮可玩了！"

"可是得小心些吧？"

"小心？我还不曾发生过什么意外事情哩！"

他这话是暗指一件不幸的经验，我在十四岁时因为玩弄火药，发生了不幸，险些把我的眼睛弄瞎。

他把试做的东西和已着手做的工作给我看，告诉我一些他最近的想象和试验，他让我对其他的东西也产生了好奇心，并且乐意和他共同严守秘密。他消磨了中午休息的时间后，便上工去了。他走开以后，我刚刚把这个叫人担心的箱子盖起来，放到床下去时，绿蒂就来把我叫去跟她和爸爸一起散步。

"你喜欢佛理慈吗？"父亲问道，"他长高了吧？"

"唔，是的。"

"他可不是个小孩子了。是的，我的孩子都成人了。"

"这很不错。"我心里想着，觉得有些惭愧。不过这下午天气很晴朗，禾田中的罂粟花放出火焰般的花朵，瞿麦也在发笑。我们慢慢地散着步，谈论些快乐的事情。那熟悉的道路，两旁的森林和果园都向我致敬，向我招呼，过去的时光现在复苏了，它显得那样的可爱，那样的光辉灿烂，仿佛那时的一切都是完美的。

"我还要问你一件事情，"绿蒂说，"我本想邀请一个女朋友在这儿住几星期。"

"噢！从哪儿来的？"

"从乌拉姆来的，她比我大两岁。你想好不好？你现在回家来了，你是'要人'，要是她来这里有让你不方便的地方，你尽管说吧！"

"她是什么样的女子？"

"她已经通过了女教员考试……"

"啊哟！"

"没有什么'啊哟'的。她是很亲切的，完全不是一个女道学，的确不是。她也还没有当过女教员。"

"为什么还不去教书呢？"

"这要你自己问她。"

"她就要来了？"

"真是糊涂！这件事要你来决定，要是你觉得我们家人团聚在一起更好些，那可以叫她以后再来，这个我得问你。"

"等我数一数纽扣，卜一个卦。"

"你干脆说'好'就得了。"

"好吧！"

"好，那么我今天就写信。"

"顺便替我向她问好。"

"那她会很高兴的。"

"还有，她叫什么名字？"

"安娜·伊白格。"

"伊白格这个姓很不错，安娜是圣女的名字，太普遍，并且也不能缩短。"

"改为安娜·丝达芝亚你喜欢吗？"

"是的，可以改为丝达西或丝达赛尔。"

这时我们已登到最高的山顶，这山顶由一个断崖到另一个断崖，接连向后伸展着，可是人向前走时，它仿佛向后退似的。我们从崖岸上眺望着那些狭小而倾斜的禾田，这些禾田就是我们刚上山时经过的，城市则深沉地躺在山谷底下。在我们后面，那波浪式的地形上边，有一片黑黝黝的松林，这片松林被狭窄的草地或谷田隔断了。这些谷田和暗蓝色松林作着鲜明的对照。

"那边比这里还美呢！"我沉思着说道。

我父亲笑着，看看我："这是你的故乡，孩子，事实上它也很美丽。"

"你的老家更美丽吧？爸爸。"

"不，但人在小时候，一切都是美好的，神圣的。你害过思乡病吗？"

"有的，常常。"

那附近有块森林，我在小孩时代常在那儿捕捉红颈鸟。再走过去一点儿，必定还留着我们从前建筑的石城废墟。可是父亲已经走累了，我们歇了一会儿就动身回家，从另一条道路走下山来。

　　我很想听点儿关于海莲娜·克尔慈的事情，可是我不敢问起，因为我害怕别人知道我的心事。在悠闲的故乡生活和愉快的假期生活当中，我的青春之情被某种憧憬和恋爱计划激动着，但是这个计划还需要一个有利的借口，而我正缺少这个借口。我的内心越想念美貌的姑娘，我就越不能以坦然的态度来和她谈话。

　　我们缓步回来，在路上采集了许多的野花，这种采花的技术我已很久没有练习了。母亲已养成了一个习惯，她不仅在房间里面供着盆花，而且在每一个桌子和柜子上也插着新鲜的花束。她几年来收集了许多素朴的大小花瓶和花盆，我们兄妹出外散步几乎都会带花束、羊齿和树枝回来的。

　　我觉得我好几年没有看见田间的野花了。当人们在散步时，用画家的眼光去欣赏它，把它当作是碧绿国土中的绚烂岛屿来观察时，那么这些花所表现的是另一个样子，与人们弯下身去详细观察时的样子不同。那小小的隐藏着的植物，它们的花朵使我记起读书时代的故事来，那些花也是我母亲最喜欢的，她常用特殊的或自己发明的名字来纪念它。还有，它们使我回忆起往事，无论蓝色的或黄色的花萼都在我眼中异常可爱而亲近地显示出我的快乐的童年。

我们家里所谓的"大客厅"里面，有许多粗松木做成的高书架，乱七八糟地堆着我祖父留下的书籍，没有整理过，周围已经有些残毁了。我小时候就在那些发黄的，有着木刻画的书籍当中，找出《鲁滨孙漂流记》和《格列佛游记》来看，还有古代航海家和探险家的传说，以及许多文学书籍，例如《西克华特寺院史》《新亚玛底斯》《少年维特的烦恼》《奥西安》等，又看了许多约翰·保尔、海因里希·斯蒂林、沃尔特·司各特、普拉腾、巴尔扎克、雨果的作品，还有拉瓦特的相学书，许多精装的年鉴、袖珍书和民众历书。年代早些的有乔多维耶茨基的铜版画，年代晚些的有路德维希·李希特的插图，还有瑞士出版的迪斯泰利的木刻画。

我在晚间如果没有弹奏乐曲或没有和佛理慈玩花炮，就随便拿一本书到房里去看。我把烟管里吸来的烟喷到发黄的书页上去，这些书页是我祖父母曾幻想过、叹息过，而且沉思过的。约翰·保尔著的《巨人》，其中有一本我弟弟因为要做花炮，把里面页子扯去，当我读完了头两本，去找第三本时，他才承认这事，而且推辞说那本书是本来就已经残缺的。

这些日子的晚上总是有趣的。我们唱歌，绿蒂弹钢琴，佛理慈拉提琴，妈妈讲我们小孩子时代的故事，宝丽在笼里像吹笛子般叫着，也不睡觉，父亲在窗下边休息，或者看一本小孩子的图书册。

有一天傍晚，海莲娜·克尔慈又来闲谈了半个钟头，我心里并不讨厌这事。我时常惊异地凝视她，看她长得那么漂亮，那么完美。她来时钢琴上的蜡烛刚刚燃起来，她也一起加入我们的二重合唱中。我为了要从她的声音里听出每一个音调，所以唱得很低。我站在她后边，望着她那棕色的头发，在烛光发出的黄金色光辉里闪着，她的肩膀在唱歌时轻轻地动着。我想，如果用手来抚摸她的头发，那一定很美妙。

因为我确信已经倾心于她，而她那漠不关心的友谊却使我有点儿失望，所以从某些过去的事实来论，我觉得我和她长久以来保持着一种回忆的联系，不过我并不认为那种回忆的联系只是由我一面建立起来的。

不久，她要走了，我拿起帽子，陪她一起走到玻璃门。"晚安！"她说。

可是我没有握她的手，我说："我送你回去。"

她笑起来："噢，那不用，感谢你。这儿没有这种礼节。"

"是吗？"我说。当她从我身边走过去，妹妹也拿着她那顶上边有蓝带的草帽，喊着说："我也去。"

我们三人走下台阶，我忙着把笨重的房门打开，我们在灰茫茫的微光之中，慢慢地走着，穿过了石桥和市场，走到地势高起的镇郊，海莲娜就住在那地方。这两个姑娘好像噪林鸟似的交谈着，我在旁倾听，我高兴我也在其中，我也属于这个三叶草的一叶。我不时放慢脚步，佯装着看天气的样子，退后一步，这样我便能看到她如何把那黑油油的脑袋随意地支持在鲜艳的脖子上，如何有劲地迈着匀称而轻便的脚步。

到了她家门口，她把手伸给我们，握手后她就走进去了，在房门关闭以前，我还看见她的帽子在阴沉沉的走廊当中闪耀着。

"是的，"绿蒂说，"她真是个美丽的姑娘，可不是吗？她有许多可爱的地方。"

"可不是——你的女朋友怎样？她不久就来吗？"

"昨天我已经给她写信了。"

"哦，是的，我们走旧路回去吗？"

"我们走那条花园的路，好吧？"

我们走向介于花园篱墙间的道路。天色已黑，走路必须当心，因为那儿有许多业已朽坏的木砌台阶和东倒西歪的旧篱笆木桩。

我们已走近我家的花园了，在那儿我们能看到起居室里面的灯火。忽然有一种"嘶嘶"的声音，让妹妹害怕起来。

原来那是佛理慈，他埋伏在那儿等着我们。

"注意，站着！"他划着火柴把火线点起来，走到我们跟前。

"又来玩爆竹了？"绿蒂责骂他。

"那差不多不会爆炸的，"佛理慈辩护着说，"你要注意，那是我发明的呢！"火线烧完了，接着爆裂一声，迸射出小小的激动的火花，仿佛由潮湿了的火药发出来的一样。佛理慈乐得要命："现在马上会出现一个白火花，接着一声裂响，就成红色的火焰，然后又是美丽的蓝色火焰。"

可是，事实并不像他所说的那样。它颤动了几下，闪耀几下之后，炮火突然强烈地喷射出来，一阵强烈的气压好像一缕白色蒸气放射在空气里面。

绿蒂笑着，佛理慈现出颓丧的样子。当我设法安慰他时，那浓密的炮烟已缓慢地飘过花园飞逝了。

"那蓝色火焰，你们总看到一点儿吧？"佛理慈开始自辩，我也承认了他的话。接着他仿佛要哭的样子向我诉说他的花炮如何构造，及应当发出何种的光彩。

"我们以后再做吧！"我说。

"明天好吗？"

"不，佛理慈，下个星期再来。"我本来可以答应明天，可是我的脑海里充满着对于海莲娜·克尔慈的思念，我完全陷于这种幻想之中；幻想着明天也许会在哪里发生一些快乐的事情，也许她黄昏时又来了，也许她立刻就乐意接受我的爱。总之，我现在想着那些事情，觉得它们比世界上一切的花炮都更重要，更吸引人。

我们经过花园走进屋里，父亲和母亲在起居室里下棋。本来这里的一切是简单的，自然的，决不会变样的，可是，它现在变了，它离开我远远的。我已没有故乡了，那座旧屋、花园、阳台，那熟悉的房间、家具、画像，在大笼里的鹦鹉，那个可爱的古城，那整个的山谷，我都觉得生疏，它再不是我的了。父亲和母亲终要去世，童年时代的故乡也变成回忆和乡愁，再也没有把我引到它那儿去的道路。

约莫夜里 11 点钟，因为我看一部很厚的约翰·保尔的著作，小油灯已快烧尽。它抖擞着，发出一种低微的叫人害怕的声音，火焰变成红色而发烟了。我仔细地看它，把灯芯旋起来时，发现灯油已干。我不能把这本我爱读的小说读下去，心里怪难过，而我又无法在房里找到灯油。

于是我只好把这个冒烟的灯吹灭了，没精打采地躺在床上。门外刮起一阵暖和的风，在那松林和丁杏树当中沙沙地吹着。长着青草的院落中有一只蟋蟀唧唧地叫着。我睡不成觉，又想起海莲娜来了。我觉得除了以爱慕的眼光注视这位这样秀雅、这样美貌的姑娘而外，我并没有希望从她身上得到别的东西，而这种注视却使人快乐，又使人痛苦。当我想起她的面庞、她的声音、她的姿态，以及那平稳而有韵律的步伐的音节（她用这样的步伐在黄昏时走过街道和市场）时，我的心胸在燃烧着，真是难过。

我终于爬下床来，因为我身上太热而且不安，无法入眠。我走到窗户旁边，向外望着。在一些稀疏的云幕当中，渐缺的月亮苍白地浮游着，蟋蟀仍然在院落里叫着。我很想到外面去奔跑一个钟头，可是我们家 10 点钟就关门了，如果在 10 点钟以后这门还开着的话，那一定是发生什么意外的、骚扰的、带有危险性的事情，而且我也不知道钥匙挂在那里。

于是我想起一件往事：那时我还是个大孩子，觉得在家里过的是专制的生活，在夜间我要到一间晚上做生意的啤酒店去喝一瓶啤酒，便带着犯罪的意识，冒险而高傲的态度，从屋里偷偷地跑出来。为着做这事情，我必须利用向着花园的后门，那个门是只用门闩关着的；出了后门以后，我还得爬过篱笆，经过邻家花园的狭窄道路才能到街上去。

我把裤子穿上，温暖的天气里没有必要穿其他衣裳；我把鞋子提在手里，赤着脚从屋里偷溜出来，爬过花园的篱笆，缓慢地穿过沉睡了的城市，沿着河流走去。河水沉闷地潺潺作响，反映着那稀薄的、颤动的月光。

一个人在夜间旷野当中，在万籁无声的穹苍底下，在流水潺潺的河岸上，那情景常常充满着神秘，撩人遐思。此时似乎很接近原始时代，同野兽植物很亲近，模糊地回忆着远古的生活：当时还没有房屋和城市，那些无家可归的人类，把森林、河流、山岳、狼、鹰等，都当作是自己的同类，当作朋友来爱或仇敌来恨。并且晚间又把社会生活的感觉压抑下去，当没有灯光燃着、没有人声听着时，还在清醒的人就要感觉到孤独，感觉到自己离群索居，只靠自己帮助自己，这种最可怕的人类感觉，就是自己不可避免地要孤独存在着，孤独生活着，孤独地去体验、去忍受痛苦、恐怖和死亡——在每一种思想当中都会有这种感觉，它对于健康的人和青年人会引发一种暗示和一种警惕，对于老弱的人则引起一种恐惧。

这种感情我也感觉到一点儿，至少我的忧闷已平息了，转变为冷静的冥想。当我想起美丽的令人遐想的海莲娜，她似乎永远不会用同样的感情来想念我，这真使我悲痛；而我也知道，我不会沉迷于单恋的苦痛里面的；我有一种模糊的预感，认为神秘的生活比一个青年人在假期中的烦闷，蕴藏着更多的危机和更残酷的命运。

可是我的血液仍然激荡着，仿佛觉得在微温的风里，有个姑娘以纤巧的手和棕色的头发摸触着我。因此，这深夜的散步既不令我疲倦，我也无睡意。我走过草场，走到河边，脱下衣服，跳进清凉的水里去；急速的河水立刻逼我挣扎着，我用力地抗拒着。我逆着水流游了一刻钟，躁热和愁闷随着清凉的流水从我身上消散了。当我感到凉快时，也觉得疲倦了。我不管身上潮湿便穿上衣服，我想我可以回家睡个好觉了！

过了几天的激动生活之后，我渐渐觉得家乡的生活平淡无奇。我过去在外奔波漂泊，从这城走到那一城，混在各色各样的人们当中生活，在工作和梦想之间，学习和夜饮之间，有时是面包和牛奶的生活，有时是书籍和雪茄的生活，一月跟着一月过去了。在这里，则是和十年前或二十年前一样，这里的日子在一种无声无息、单调的节拍当中度过。已经变成了外地人的我，习惯于一种不规则的复杂生活，现在又适应于这里的生活了。好像我原来就没有离开一样，对于几年来我完全忘记了的人们和事物，我都发生兴趣，而且我也不惋惜我从异乡得来的东西有什么损失！

日子仿佛夏天的浮云轻快无踪地飞逝了去。每一天每一时都像绚烂的图画，使人迷醉地闪耀着，不久便剩下梦幻般的余味。我到花园浇花，跟绿蒂一起唱歌，跟佛理慈一起玩爆竹，同母亲谈着异乡的城市，同父亲谈些世界上新发生的事情；我读歌德和雅各布森的著作，事情一件件地过去，毫不冲突的，可是没有一件是重要的。

那时我觉得比较重要的，就是海莲娜和我对她的恋慕。可是这事情和其他的事情一样，在几点钟前能使我激动，再过几点钟也许就消沉下去了。唯一不变的，只是我的愉快的生活感，像一个游泳家的感觉一样，在那平滑的水中悠闲而无目的地，既不疲劳又不焦虑地游着。森林里的喜鹊叫着，覆盆子已经成熟了，花园里开着玫瑰花和火红的金莲花，我混在其中，觉得这个世界是光辉美好的。我很惊异，什么时候我才会真正像个大人呢？年老时会变成如何呢？

一天下午，有一只大木筏由城里漂来，我跳上去，躺在一堆木板上，向下游漂浮，在几个钟头当中经过许多田园和村落，并经过几座桥洞。微风在我头上吹拂，燥热的云层中传出轻雷声，清凉的水在下面浮着雪白的泪花。于是我想象着克尔慈在我身边，我把她诱走了，我们坐着，手挽着手，谈着世上的繁华乐事，由这里一直到荷兰那边去。

当木筏流到下游远处的山谷，要离开木筏时，我才赶快跳到水里，水直浸到我的胸部。可是在回家的路中，天气炎热，身上的湿衣，渐渐被体热烘干了。我走了很久的路，身上蒙着灰尘，疲劳地回到城里来。我在进城头几个屋子竟遇见了海莲娜·克尔慈，她穿着一件红色上衣。我向她举了举帽，她点着头，我又想到刚才梦想她如何同我拉着手在河里航行，她如何亲密地称呼我。在那个晚上，我又觉得一切都没有希望了，我觉得我是一个糊涂的计划家和梦想家。我在睡觉以前，拿出那根上边画着两只吃草的鹿的烟管，读着威廉·麦斯特，一直到 11 点以后。

第二天晚上 8 点半左右，我和弟弟佛理慈爬上那个高山。我们带着一个沉重的包裹，轮流提，包里装着一打重量的爆竹，六个烟火，三个大炸炮，还有其他各种小的火炮。

天气是温和的，蔚蓝的天空里充满着轻飘秀丽的浮云，在教堂塔上、山顶上飘过，时时把初现的、苍白的星光遮盖住。我们在高山上休息了一会儿，从山上向下看，河流所经过的狭窄盆地，沉浸在黄昏的暮色当中。当我眺望附近的村落、桥、磨坊堤和那狭长的围绕着树丛的河流时，那个美丽的姑娘的倩影，又偷偷地浮现在我的思想当中。我希望自己一个人在这里幻想着，等待月亮升起。可是这事无法如愿，因为弟弟已经把包裹打开，在背后放了两个爆竹把我吓了一跳。这两个爆竹是他用一根绳子结在一起，捆在一个竿子上，紧靠在我耳边放起来的。

我有些生气，可是因为佛理慈太忘情地笑着，太快活了，我也就很快地跟着快活起来，跟他一起放爆竹。我们连续把三个特别大的炸炮放了，那猛烈的炮声，在谷上谷下奏出悠长的、滚动的回声。随后放火炮、高升炮和一个大的火轮炮，最后我们慢慢地、一个个地把美丽的烟火射上黑漆的天空。

"这样好看的烟火好像是奉献给上帝的礼物，"弟弟说道，他像平常一样说着譬喻的话，"或者好像人家唱一首好听的歌，可不是吗？这是很庄重严肃的。"

回家的路上，走过木材行的院子时，我们给那只守院的恶狗扔去最后一个火炮，把它吓得汪汪叫，在我们身后足足狂吠了一刻钟。随后我们便欢天喜地地带着乌黑的手回到家里来，好像两个顽童做了一件开心的顽皮事情一样。我们夸大其词地向父亲和母亲诉说夜间散步的乐趣、山谷的风景和天上闪烁的星光。

一天早晨，我在窗前洗刷烟斗，绿蒂跑来叫着说："我的女朋友今天11点就到了。"

"安娜·伊白格吗？"

"是的，我们去接她好吗？"

"好的。"

这位被期待的客人的来临，并不怎样使我高兴，因为我从来没有想念过她。但是我无法推辞不去接她，于是，不到11点我便同妹妹去到车站。我们来得太早了，在车站前面走来走去。

"也许她是搭二等车来的。"绿蒂说，我怀疑地看着她，"有可能，她虽然生长在富有的家庭，可是很朴素。"我起了一种反感。我想象着一位富家小姐，她娇纵的态度和她华丽的行李；想象她由二等车厢里出来，她会觉得我家那所雅致的屋子太寒碜可怜了，我本人也不够文雅。

"如果她搭的是二等车，那她最好不要下车，你明白吗？"

绿蒂不高兴，正要责备我时，火车已经进站，停住了。绿蒂连忙跑过去，我慢吞吞地跟着她，看见她的女朋友从第三等车厢里走出来，带着一把灰色的绸伞，一张披肩，一个俭朴的手提箱。

"这是我的哥哥，安娜。"

我向她行了礼。虽然她搭的是三等车，但我还不知道我替她提箱子时她会作何感想，所以那只箱子虽然很轻，我没替她拿，只招呼一个挑夫，把箱子交给他。然后我陪着这两位姑娘走进城里去。我诧异她们的话竟能说得那么多。不过我是很喜欢伊白格的，虽然她长得并不美丽，让我有点儿失望，可是她的面庞上和声调里都含有一种令人惬意的风韵，逗人喜欢，而且充满自信的神气。

母亲在玻璃门那儿迎接这两位姑娘。她鉴人之术很高明，无论何人，只要她用敏锐的眼光凝视了一下之后，便泛着笑颜来欢迎的，就可过一段愉快的时间了。我看着母亲如何瞧着伊白格的眼睛，如何对她点头，把两手伸给她，而且不说一句话便使她表现出信任和亲切来。我为这位外客而生的顾虑，现在已经烟消云散了，因为她已经真诚地毫不客气地同我们握手并接受了我们的友谊，几个钟头以后一点儿都不生疏了。

就在那一天，根据我的幼稚知识和生活经验，我已经确信这位高贵的姑娘有一种无损于人的、自然的快乐性情，就算她生活经验缺少些，她总还是一位值得一交的朋友。虽然我想象过世界上有一种更高尚、更有价值的快乐性情，某些人只有在患难和烦恼当中方能得到它，而多数人则永远不能得到，可是在我的经验上我还未曾遇见这种性情。我们这位客人有这种特别的快乐性情，那是我一时未曾观察出来的。

能同姑娘们像朋友般来往，共同谈论生活和文学，这在我那时的生活范围中的确是件稀有的事情。以前妹妹的那些女朋友，不是成为我爱慕的对象，便是令我漠不关心。现在我觉得这是一件新鲜可爱的事情，我能够同一位青年女士毫无拘束地交游，并且谈论各种事情，好像跟同性的朋友谈论一样。虽然她和我有相似的地方，但我在她的声音、言语和思想当中仍然发现了女性的成分，热烈地温柔地感动了我。

此外，我看出安娜如何恬静、如何灵巧而自然地来参与我们的生活，适应我们的习惯。这简直让我有些惭愧，因为过去我的一些朋友，凡是暑期中来我们家里做客的，都有些顾虑，带些客气；就是我自己在回乡来的头一天也是有些无必要地慎重和拘谨。

有时候我很惊异安娜对我并不要求什么礼节，就算我在谈论时有冒失的地方，她也毫不介意。反之，我如果一想起海莲娜·克尔慈，就是在最热烈的谈话时，我对她也只能说些谨慎而尊敬的话。

海莲娜这些日子好多次到我们家来，她似乎很喜欢妹妹的女朋友。有一回，我们一起到马太叔父家做客。花园里摆着咖啡和点心，还有醋栗酒，我们或者做些无伤大雅的小孩子游戏，或者在花园的路径上文雅地散步，这些路径十分洁净，本来就已使人不敢胡行乱走。

看见海莲娜和安娜两个人在一起，而且同时跟她们闲谈着，这在我看来是很奇怪的。海莲娜·克尔慈的态度很神秘，我同她只能说些浮泛的话，可是我必须用最温雅的语调说话；我跟安娜却能毫不顾忌、毫不紧张地谈论些最有趣味的事。我跟安娜谈天，谈得很舒适而自然，可是我的眼睛总是不时偷偷地从她身上离开，偷看另一位更美貌的姑娘，这位姑娘的面貌使我快乐，但永远不能叫我满足。

我的弟弟佛理慈觉得无聊，他吃够了点心之后，便提议几样粗野的游戏，这几样游戏不是人家不赞成，便是玩不久就停止了。有一次他把我拉到旁边去，向我诉说这个下午过得无聊。当我把肩膀耸一耸时，他告诉我一件事，使我吃了一惊：他说他的口袋里有个大花炮，他打算在姑娘们例行的告别时把它放了。我用极恳切的请求，才打消了他的计划。于是他跑到大花园的偏僻角落去，躺在醋栗树丛下面。当我同别人讥笑他那小孩子脾气的愤懑态度时，我觉得很对不起他，虽然他使我难过，而我对他仍然是很了解的。

两位堂姐妹是容易应付的。她们没有娇生惯养的脾气，甚至对于那些早已过时的笑话，她们还觉得津津有味。叔父喝了咖啡之后就走开了，贝尔达婶母最喜欢同绿蒂谈话；我和她谈了蜜渍浆果制造法之后，她就不找我谈话了。因此，我便和这两位姑娘坐在一块儿，在谈话停顿当中，我寻思着：为什么人们跟心爱的姑娘谈话，比对另一个姑娘谈话要更困难得多呢？我极愿意向海莲娜表示殷勤，可是我想不出怎样去表示。我只好从好多玫瑰花当中摘了两朵，一朵送给海莲娜，另一朵送给安娜。

这是我假期内完全没有烦恼的最后一天。就在这第二天，我听到城里一个泛泛之交的朋友说，最近克尔慈姑娘同某某家来往得很勤，不久就要订婚了。他说这件事是夹杂在其他新闻当中说出来的，我留心着使他不能在我态度上看出什么破绽。不过，即使这话只是一个谣言，但原来我对海莲娜也不敢存有很大希望，现在我更确信我不能得到她了。我心烦意乱地回来，奔进房里去。

因为环境的关系，悲哀在我的快乐青春里是不会长久的，不过我在许多日子当中却失去了乐趣。我在森林里僻静的路径上散步，长时间忧郁而无思想地在家里各处绕圈子，晚间关起窗户，拉着提琴来发泄我的幻想。

"你有病吗，孩子？"爸爸对我说，把手放在我的肩膀上。

"我患失眠症。"我回答说。我并没有说谎，我也说不出其他话来。不过他对我说了几句话，这些话我以后时常还能想起来。

"晚上睡不着，"他说，"这真叫人讨厌。可是如果一个人有事可想，那么失眠也还可以忍受。躺着睡不着时，容易让人厌烦，而且容易想起一些烦恼的事情。不过这时可以运用自己的意志，可以想一些好的念头。"

"可以做得到吗？"我反问着。因为我近年来对于自由意志是否存在，已经有点儿怀疑。

"是的，自然可以做得到。"父亲加重语气地说。

经过了好几天沉默和悲哀的日子之后，我又开始把自己忘记了，把烦恼忘记了，我又快乐地和别人一起生活着。我还记得开始快活的那一刻：我们一块儿坐在起居室中喝下午的咖啡，只有佛理慈没在那儿。别人都是快活的，滔滔不绝地说话，而我紧闭着口，什么话也不说，虽然在内心里我已趋向于需要谈话和交际。我和其他的青年一样，也用一面沉默的围墙和拒人的骄矜，把我的痛苦掩藏起来。我们家里的习惯好，别人不来扰乱我，也尊重我鲜明的消沉态度，而我又不能决定把我的围墙拆除下来，只好装着那态度，这是必要的和纯真的；我的自制只能支持很短的时间，我自己也觉得讨厌而可羞。我们正在沉静地喝咖啡时，突然传来一阵呜呜的喇叭声，一种雄壮的、急远的、挑战似的音调，一刹那间便让我们都由椅子上站了起来。

"起火了！"我妹妹吃惊地嚷起来。

"火警？好怪异的信号。"

"也许是军队宿营来了。"

这时候我们大家慌张地跑到窗户那边去。我们房子前边的街道上有一群小孩子，孩子当中有一个穿着红衣服的吹角的大人，骑在一匹雄伟的白马上，他的号角和衣服在阳光底下闪闪发光。这个怪人吹号角时，把眼睛朝上，对着各窗户瞧着，让人注意到他的棕色脸孔和匈牙利式的大胡子。他热烈地继续吹着号角，直到每个窗户都挤满了看热闹的人。于是他放下乐器，摸弄着他的胡子，把左手抵住腰部，右手控着那匹不安定的马的缰绳，作了一篇演说。他说他的世界驰名的马戏班，旅行经过此地，仅仅在这小城里停留一天，今晚要在草场上表演马戏、空中走绳和哑剧；成人票价二十分尼，小孩半价。说完后，他又吹起闪光的号角，骑马走了，一群小孩和一阵浓密的白色灰尘随着扬起。

这个骑马的艺人和他的演说在我们当中所引起的笑声和兴奋，带给我机会；我利用这一刹那，丢弃了忧郁的沉默，在这些快乐的人们当中也做个快乐的人。我马上邀请这两位姑娘去看晚上的表演，父亲首先不允许，以后就赞成了。我们为要看看剧场的外面，三个人慢慢地走到那个草场去。看见两个人正在布置一个圆形战场，用一根绳子圈围起来，接着他们盖起一个高台，这时候旁边一辆绿色车子的悬梯上面，坐着一个可怕的肥胖老太婆在编织东西。一只美丽的白色狮子狗，躺在她的脚边。当我们参观这些东西时，那个骑马的人从城里回来了。他把他的白马拴在车子后边，脱下红色的华丽衣服，把衬衫的袖子摇起来，帮助他的同事们搭台子。

"这些可怜的人！"安娜·伊白格说。可是我告诉她，要她不必怜悯他们，我拥护这些艺术家。我有声有色地称赞他们自由的、集团的，各处漂泊的生活。我说我很愿意跟他们一道去，登上那高高的绳子，表演完后，就拿着盘子向观众讨钱。

"我很愿意看你表演。"她笑着说。

于是，我把帽子拿下来代替盘子，模仿收钱人的姿势，卑躬屈膝地请求给一点儿钱，赏赐小丑。她把手伸进袋里去，迟疑地找了一会儿，把一个分尼扔到我的帽子里，我很感谢地把它放在衬衣的口袋里。

久被压住的快乐，现在迸发出来，仿佛要使我昏迷了一样。那天，我跟小孩子一样地纵情，也许是因为我自己的性情不定使然。

黄昏的时候，我们同佛理慈一起去看表演，在半路我们就已经很高兴了。草场上有一堆人在黑暗中走来走去，小孩们睁着大大的期望的眼睛，恬静愉快地站着，小流氓故意戏弄人，在人们跟前互相碰撞，场外的亲众都伫立在栗树下边，警察的头上戴着盔帽。马戏场的周围有一圈的座位；圈子当中有一个四根横木的木架，横木上挂着油灯。人们愈挤愈近，座位渐渐坐满了，在戏场和许许多多人头上面，闪耀着石油灯红色而多烟的火焰。

我们坐在一张长椅上。手风琴开始演奏，戏班经理带了一匹小黑马出现在马戏当中。丑角也来了，他跟经理谈话，谈话时被打了许多耳光，因此博得热烈的掌声。开始时，那个丑角提出了一个无聊问题，经理便打他一个耳光，回答说："那么你以为我是一头骆驼了？"

这时丑角说："不，老板先生，我知道你跟骆驼是有分别的。"

"是吗？小丑，那么有什么分别呢？"

"老板先生，骆驼八天不喝还能作工，您老先生连喝了八天却一点儿工都不作。"

经理又打了一个耳光，扬起一场喝彩。于是便这样闹下去。我愉快地佩服这滑稽的表演和观众们的率直，自己也跟着笑了起来。

那匹小马蹦了几下，坐在一条长凳上数了十二下，显出精疲力竭的样子，于是改换了一只狮子狗，它跳过圆圈，用两只后腿站着舞蹈，又演着军操。丑角常常在那里打诨。随后又有一只山羊，一只好玩的动物，它站在一张安乐椅上，浑身摆动着。

最后有人问那个小丑：他除了乱转和说些滑稽话以外，果真别的玩意儿都不会吗？于是他立刻把他宽大的丑衣脱下来，内里穿着一件红色的毛线衣，爬上高高的绳子。他是一个好玩的家伙，技艺表演得很好。即使他没有表演技艺，我们看见他那被灯光映着的红色的身体，高高地挂在黑蓝色的天空当中，也够赏心悦目了。

因为表演的时间已经过久，哑剧就不再表演。我们也觉得比平常晚些，因此便起身回家。

看表演时，我们总是活泼地谈论着。我坐在安娜·伊白格身边，我们在场里虽然只谈些话，可是在回家路上我已经觉得和她很亲密了。

躺在床上久未入睡，我趁这时候寻思这件事情。我发现自己见异思迁的性情，觉得很不舒服，极为惭愧。我怎可这么容易就把海莲娜·克尔慈放弃了呢？幸好在这天晚上和以后几天中我借一些诡辩的理由，把一切表面上的矛盾都心安理得地解决了。

这晚，我把灯点亮，把安娜开玩笑时送给我的分尼从衬衣里掏出来，温柔地看它。那上边铸着1877年的年份，同我的年岁一样大。我把它卷在一张白纸里面，封面上写上她名字的开头两个字母"A·A"，又写上当天的日期，然后放在我的钱袋最里面的一格，当作幸运钱保存着。

我假期的一半——在假期中头一半总是比较长些——已经过去很久了。夏天的日子经过一星期的大雷雨之后，开始慢慢地趋于衰老，趋于沉闷。可是我呢，仿佛世界上没有什么重要事情一样，眉飞色舞地度过了不知不觉一天短似一天的日子。每一天的我都有一种黄金般的希望，带着激昂的心情注视着每一天的到来，焕发着光彩，随后又消逝了。我并不想挽留它，也不觉得惋惜。

这种激昂的态度，也许是青春时代那种漫不经心的态度使然，此外一小部分也要由我慈祥的母亲负责。她虽然没有说一句话，但态度上表现出她并不反对我跟安娜的友谊。同这位聪明而有德行的姑娘交往，确实我是高兴的，并且我觉得即使跟她发生更进一层、更亲切的关系，妈妈也会许可的。所以不用顾虑，也不用守密，我和安娜一起生活的确像亲爱的兄妹一样。

当然，那还离我所想象的目的很远，而且经过一些日子之后，我有时还觉得这种一成不变的、同志般的交往，几乎是一件痛苦的事。因为，我渴想从这个界限显然的友谊花园，达到一个广漠自由的恋爱国土，而不知道如何才能够在不知不觉之中，把这位心地坦白的女友诱引到这条路上去。而在我假期的最后几天当中，却发生了可贵的、自由的、动摇的情况，这情况介于满足和更进一步要求之间；它在我的回忆里是一种难得的幸福之事。

我们便这样在舒适的家里度过了快乐的夏天。我这时候又和母亲恢复了小孩时代的亲密关系了，因此，我能够毫无拘束地跟她谈起我的生活，回忆过去的事情，商议将来的计划。我还记得，有一天上午我们坐在圆亭那儿缠绕线团，我告诉她，我如何失掉了对上帝的信仰，我以底下的话结束我们的谈话：如果我要再信仰上帝的话，首先必须有个人能够陪伴我鼓励我。

母亲微笑着，望着我沉思了一会儿说："大概永远不会有人能陪伴你、鼓励你了。可是，渐渐地你自己会体验出来，如果没有信仰就不能生活。因为知识的确没有什么用处。某一个人，人们相信已经充分认识他了，可是他会做出一些事情，让人明白认识和知识是完全没有用处的。这是日常发生的事情，然而人类仍然需要信任和依赖。这时去请教救主要比请教一位教授，或请教俾斯麦，或其他的人都可靠些。"

"为什么？"我问，"人们对于救主，并没有太多的认识呀。"

"噢，人们知道得够多了。自古以来，世界上时常有一些人，他们死时很有自信心而毫无畏怯。苏格拉底和其他一些人便是如此；多数人并不是这样，只有少数人是如此。当他们能够泰然自若地、有所慰藉地死去时，那并非由于他们的聪明才智，而是因为他们的良心是纯净的，所以好得很，这少数人每一个都是对的。但是我们怎能跟他们比呢？除掉这少数人而外，还有许许多多的人，可怜的普通的人，他们仍然能够自愿地、安慰地死去，就因为他们信仰救主。你的祖父临终以前，在痛苦和困厄中躺了十四个月，他没有什么诉苦，几乎安然地来忍受痛苦，愉快地死去，这是他信仰救主得到慰藉的缘故。"

最后她说："我知道这话是不能说服你的。信仰不是从理性来的，正同爱情一样。但你将来就会体验到，理性并不是一切都能做到的。当你有这经验时，你在患难之中，一定会需要一种能安慰你的东西，也许你那时会想起我今天所说的话。"

我帮助父亲修饰花园，我时常在散步时，把森林里的泥土带回一小袋，给他栽种盆花。我和佛理慈发明了新的火炮，试放的时候，我把手指烧坏了。在森林里我和安娜、绿蒂乘凉，我帮她们采莓子，寻野花。我大声读书，而且发现了新的散步的地方。

美丽的夏日一天一天地消逝了。我需要安娜陪伴在身边，已成了习惯。当我想起假期快要结束，我澄清的心情便被浓厚的阴云罩住了。

几乎一切美满的事情，以及最有价值的事情，都是短暂的，都有完结的。这个夏天就这样过去了，在我的回忆中它好像结束了我的整个青春。家人开始谈起我不久就要出门的事情，母亲还把我所有的换洗衣裳，跟其他的服装都看过一遍，缝补了一些。在包行李那天，她还送给我两双很好的灰色羊毛袜子。这是她亲手织的，我们俩都想不到这竟是她最后一次给我的礼物。

我很怕离别的日子来临，但它迅速地到来。晚夏里的一天，天色深蓝，天空中飘浮着美丽的云彩，和煦的风从东南方吹来，抚吻着花园里无数艳丽的玫瑰；约莫中午时分，这阵风带着浓厚的香气疲倦地酣睡着。我决定再利用这整个一天，等到黄昏时分才动身出门；我们在下午还要安排一次美满的散步，只剩下早晨的时间可以跟父母亲话别了。我在父亲的书斋里，坐在他们二位当中的沙发上面。父亲还有几件临别礼物没有给我，现在他和蔼地并且带着一种玩笑的口吻递给我，而在这诙谐态度中暗藏着他兴奋的情感。那是一个小小的旧式钱袋，袋里放着几块钱，一只可以装在袋里的钢笔，一本装订精美的簿子。这簿子是他自己装订的，有十几条人生格言，他用齐整的拉丁体写在上面。他用这几块钱嘱咐我要节俭，但不要过于吝啬；用这支笔嘱咐我要时常给家里来信，如果我觉得有一句好话是值得保存的，便把它记在簿子上，加在那些格言后边，那些格言是他一生受用而且认为是正确的。

我们一起坐了两个多钟头，父亲和母亲给我说了许多关于我小时候的事情，关于他们的生活和祖父母的生活，这些事情我觉得都是新鲜而重要的。许多话我都忘记了，因为我当时正在想着安娜，许多正经而重要的话，我只听到一半，只注意一半。但是那天早上在书斋里的强烈的回忆，现在还保留着，而且我现在对我的双亲还是非常感激、非常崇敬，我到现在还是以一种纯洁而神圣的情感怀念他们，这种怀念只有对他们而发，对别人是没有的。

离下午话别的时间已经十分接近了，吃完中饭后，我就和这两位姑娘一起出外散步。走过一座山，到那可爱的林间峡谷去，这是河流旁边的一个陡峭的山谷。

起先我抑郁的情绪，也使别人忧闷和沉默着。走到山顶之后，我才从心情缭乱中突然喊出一声欢呼。正山顶上面，我们从那巍峨的红松树中间看到狭窄萦回的山谷和一片广大翠绿的森林高地，在山顶上也有一些长柄的花朵在风中摇曳着。姑娘们听我欢呼，便笑起来，随后唱了一首旅行歌《幽谷远矣，高山至矣！》。这是母亲爱好的老歌，当她们合唱时，我便想起小时候和以前夏天放假时，许多次森林中快乐旅行的事情。唱完后，我们不约而同地谈到这些事情和我们的双亲。我们都感恩而得意地谈着这些事，而我们现在拥有一个美满的青春时代和家乡生活。我和绿蒂挽着手走，末后安娜也笑着加入了。于是我们三个人挽着手仿佛跳舞似的走完了沿着山背的那条大路，大家都觉得很愉快。

随后我们便在一条倾斜的小路上，走向有一条溪流经过的幽暗山谷中去，这溪流从老远的地方发出水流冲击鹅卵石和岩崖的声音。在溪流的上游，有一间可爱的夏季饮食店，我邀请两位姑娘到那儿去喝咖啡，吃冰激凌和点心。我们下山时沿着溪流走，必须一个跟着一个走着；我走在安娜身后，仔细看着她，考虑着今天有没有机会和她单独谈话。

最后我想出一个法子。我们已经接近目的地，走到一个岸边草地上了，那里长满了野生石竹。这里景致很美，开着许多花，我想和安娜去采一束森林里的野花，便要求绿蒂先走，到那饮食店去叫人把咖啡弄好，给我们在花园安排一张桌子。绿蒂认为我的提议很好，她就先走了。安娜坐在一块长满绿苔的岩上，开始采集凤尾草。

"这是我的最后一天了。"我说。

"是的，真是叫人难过，但是你不久还要回来的，不是吗？"

"谁知道？无论如何明年是不会回来的；而且即使我再回来，也再不会同这回的情形一样了。"

"为什么不会一样呢？"

"除非是那时你又到我们家里！"

"问题并不在这里。至少，你这回不是为了我才回家的啊！"

"因为我当时还不认识你呀！安娜小姐。"

"当然。你来帮我摘几根石竹好吗？"

她这句话让我鼓起勇气来。"等一会儿你要多少我就采给你多少。现在我还有更重要的事情。我同你单独在一块儿只有几分钟的时间，而这几分钟时间是我等了一天才等到的。我今天要动身，你是知道的，那么让我简单地说，我要问你，安娜小姐……"

她对我注视着，她聪明的脸孔变得沉静而且似乎很悲伤。"请你不要再说了！"她止住了我的口吃，"我相信我已经知道你要说什么话了，可是我诚恳地请求你不要说。"

"不要说？"

"不要说，海尔曼。我现在不能对你说出理由，我相信你一定想知道的。你以后可以问问你的妹妹，她一切都知道。时间太匆忙，而这又是个悲哀的故事，我们今天不应该有悲哀的。我们在绿蒂回来以前，要把花采好。此后我们还是做好朋友，今天大家应该快快活活的。你愿意吗？"

"如果我能这样的话，我自然愿意。"

"那么，你听我说，我跟你的情形一样；我爱过一个男子，可是我得不到他的爱。不过要是谁有这种情形的话，他应该要把他所能得到的一切友谊、幸福和快乐，加倍抓得紧紧的。可不是吗？所以我说，我们要做好朋友，至少今天这一天大家要表现出欢乐的神情。你愿意吗？"

我只好嗫嚅地说一声："好的。"于是我们俩握着手。溪水潺潺地流着，向我们溅着水花。我们的花束越编越大了，颜色也变成很复杂。不久，我妹妹唱着嚷着，向我们跑来。她走近我们时，我佯装着要喝水的样子，双膝跪在河边，把额头和眼睛都浸在那滚流着的凉水里去。浸了一会儿，然后我把花束拿起来，我们沿着小径走到饮食店去。一棵枫树底下放着一张给我们准备好的桌子。桌上放着冰激凌、咖啡和饼干，女店长走来欢迎我们。我居然有说有笑地吃喝着，一切和平时一样，我自己也觉得奇怪。我几乎是快活的，在桌上闲谈了几句，好笑的时候，我也一块儿笑着，毫无勉强的样子。

安娜这件事情我是不会忘记的，她纯洁、可爱，而又和蔼地来帮助我克服了那天下午的痛苦和忧愁。她叫人看不出我跟她中间发生了什么事情，她用一种亲切的友谊待我，这友谊一方面帮助我保持正常姿态，另一方面让我敬重她那种更长久、更深沉的烦恼，以及她怎样快活地忍受这烦恼的态度。

我们动身回家时，林间峡谷已笼罩着傍晚的阴影，但是当我们迅速爬上那块高地时，我们又看见行将沉没的太阳。我们又在温暖的阳光之下走了一个钟头，直到我们下山回城时，太阳才消逝。当这个太阳大而红地挂在松梢时，我注视它，寻思着明天早上我已经远离此地，在异乡里再见到这个太阳了。

晚上，我告别了家人之后，和绿蒂、安娜一同到车站去。当我上车，车子迎着前面的黑暗驶去时，她们向我挥手。

我靠近车窗口站着，向外眺望着故乡，城里已经灯火通明。在我家的花园附近，我看见一束强烈的血红色光辉，我弟弟佛理慈站在那里，每只手都捏着两把烟火；当火车在他前面驶过，我向他招手时，他便放了一个烟火，直冲上天空去。我探身向外看，看见它升上去，停了一会儿，冒出一道白色的弧光，不久就在一阵红光中消逝了。

秋之旅

渡湖

那是一个凛冽的黄昏，阴郁，沉寂，萧索，夜色也来得特别早。我从山上走下来，经过一条斜陡的小径，来到湖畔，独自在寒风中瑟缩伫立。对岸的山丘雾霭蒙蒙，雨势已渐停，随着风的吹拂，滴滴答答无力地飘落着。

湖岸边放着一艘平底的小舟，半个舟身露在沙滩上。这一艘小舟似乎造得非常考究，摇桨是全新的，油漆色彩涂得很鲜丽，舱底也没一滴积水。舟旁有一间枞树板搭成的看守小屋，门是敞开着的，但连个人影也没有。入口的门柱上，用小锁系着一支黄铜铸的旧喇叭，我凑上嘴试着吹一下，随即迸出一声如临死前的惨嚎声，迟钝地朝对方响着。我又吹了一次，这次的吹奏声比较高，也比较长。然后，我跳进舟中，等着看看有没有摆渡的人来。

湖水微微荡漾，微弱的波纹拍着薄薄的船缘，响起低微的啪啪声。寒意有点儿砭人肌肤，我紧裹着被雨水濡湿的大斗篷，两手贴着肋下，注视湖面。

湖心铅灰色的水中浮出一座小岛，那岛屿看来仅如大岩石一般大。如果它是我所有的话，我将在那里盖一座里边附设几间屋子的方形塔，有卧室、书房、客厅、饭厅的塔子。

然后雇一个管家，让他整理些东西，每晚负责在最上层的屋子点上灯。我虽常年在外旅行，但他知道那是我休憩和隐居的场所，时时刻刻都在等待我的归去。游踪所至，我还要告诉认识的少女们有关这座塔的故事。

"那里有院子吗？"也许有的小姐会这样问，我便答说："唔！我自己也记不清了，因为我已好久好久没回去过。一起去看看怎么样？"

听了这话，那小姐也许会笑笑，眼眸不断地眨动。她的眼睛也许是碧绿色的，也说不定是黑色的。她的皮肤可能是茶褐色，大概是穿着边缘装饰着毛皮的深红色衣服。

这鬼天气！别这么冷好不？

可笑！这黑色的岩岛跟我又有什么关系？它实在小得可怜，看来只不过比鸟粪堆大一丁点儿而已，根本无法在那里盖房子。再说，我为何要盖那玩意儿？即使世上真有我幻想的那种少女，即使我真正拥有那种塔形城堡得以向人夸耀的话，这样做又有什么意义？那个少女是金发也罢，是茶褐色肤色也罢，她的衣服是缀着毛皮边缘也罢，缀着花边也罢，抑或普通装束地缀着绦带也罢，与我何干呢？缀绦带的少女不是满街都是吗！

算了吧！别尽不着边际地胡思乱想了吧！为了心灵的宁谧，我得把装饰的毛皮啦，小岛啦，方形塔等等统统放弃。我虽然这样一再指责自己，但脑里的幻象不仅未曾消逝，反而愈来愈厉害。"唔！"少时那位少女又问道，"那你为什么要在那种地方落脚？离开村落那么远，岸边成天被湖水溅得湿湿的，不是很冷吗？"

这时，湖滩上响起沙沙声响，有人远远地出声向我招呼，那是摆渡的船夫。

"久等了吧！"他问道。我帮他把舟推到水中。

"等不短的时间了！来，我们走吧！"

我们各取一对摇桨放在桨架上，合力把舟划出岸后，两人试着配合划动的拍节，绕了一匝，然后默默地猛力向前划行。手脚已渐渐暖和起来，身子轻快、规律地活动着，因寒冷的折磨而来的那一股恼意，早已烟消雾散，脑海中出现的是另一种精灵。

船夫瘦骨嶙峋，须发已斑白。我认得他，几年前我曾搭过好几次他的渡船。不过，他对我已不复记忆了。

这一段水程须半小时，驶到中途时，天色已全黑。我左手的摇橹，每当划动时就擦到桨架，发出轧轧声响，船舷下，微弱的水波敲着舟底，不规则地响起"噗！噗！"的空洞声音。身体热起来，我先脱下斗篷，接着连外衣也脱下，放在身侧，划近对岸时，身子已微微沁汗。

湖周围的灯火忽明忽灭，远看仿佛在黑暗的水面跳跃着，显得有点儿刺眼。

抵达对岸后，船夫将舟子系在木桩上，渡口的检查员持着灯笼从一座黑色拱形门出来。我一边付钱给船夫，一边将斗篷递给检查员检查，同时整整自己的衬衣袖子。

刚要迈步离开的刹那间，我突然想起这位船夫的名字。"晚安！汉斯·罗德芬。"我向他招呼过后就走开。他把手按在头上似乎有点儿惊讶，嘴里念念有词，一直目送着我。

投宿

离岸后，经过那座高高的拱形门，我开始向古老的小镇走去。这是我此次旅游的第一站。从前，我曾待在这里一段短时间，经验过种种惬意或辛酸的事情。现在，旧地重临，也许还会踏遍旧时的每一个足迹。

街道上，住家的窗口透出微弱的灯光，我在街头漫步着，擦过古色古香的山形墙壁，穿过门房前的石阶或突出的墙角。狭窄弯曲的小路旁，几家古式宅第前的夹竹桃，庭院前专供闲时休憩用的石凳，以及餐馆的招牌，街灯的木柱等，都使我情不自禁地停目凝注。我离开此地已十年了，我自己也很觉奇怪，这些老早就该忘怀的风物，在我心中似乎永远无法消逝。一时间，那多彩多姿的青年期的前尘往事，不由齐涌上心头。

这时，我正好经过城堡旁边，这是有几座黑色塔和四角形红色窗户的城堡，周遭是骤雨欲来的秋夜，威凛森严地窥伺着。记得，十年前青春年华的我，每当黄昏经过此地时，经常会幻想着，在那塔的最上层房间里有一个伯爵千金独自凄凄哭泣着，于是，我利用斗篷和软绳，攀登这陡峭而危险万状的墙壁，爬到她的窗户旁。

"你是我的救星！"她惊喜而哽咽地说道。

"不，我是你的奴仆。"我向前鞠了一躬答道。然后，小心翼翼地用绳梯先将她安全地送下地面——我"哇"地叫了一声，绳子断了。我摔倒在尘埃中，脚折断了，手触到她那柔软美丽的玉手。

"啊！你怎么啦？我该如何帮助你呢？"

"小姐！你赶快逃吧！我已叫一个忠实的仆人在后门接

应你。"

"那么你呢？"

"我没什么，你放心好了。遗憾的是我今天没法再陪你了。"

后来，据新闻报道，此城曾一度发生火警，但至少照今晚看来，一切仍依旧，并没一点儿火灾的痕迹。我浏览一会儿这古代建筑物的轮廓，然后拐到前面的小巷。

转过角，跟从前一样，那张画着怪形怪样的金狮子的旅馆招牌，仍挂在那里。我决定投宿这家旅馆。

宽敞的店口传来混杂的骚嚷声，包括音乐声、叫嚷声、欢笑声、仆人的穿梭来往、碗盘交错。前院中并排着几辆除去马具的马车，里面放着用枞树枝和人造花配成的花环。当我进入时，才知道大厅、客厅，连候客室都挤满洋溢着愉快笑容的婚礼贺客。我预料得到，今天，已无法像往日那样，在这里悠闲地吃顿晚餐，也无法一边浅斟慢酌一边沉浸于幸福的回忆中，更无法安适地早早上床睡觉。

一打开大厅厅门时，突然有一只小狗从我脚下穿过，跑进屋里去。这只两耳尖挺的黑色小狗发疯一般发出欣喜的吠声，在桌底下穿梭，向主人跟前突进。它的主人正笔直地站在桌旁，因为他正在演讲。

"——所以，诸位亲爱的朋友。"他正红着脸，大声吼着时，那条狗像旋风一般扑在他身旁，汪汪地发出愉快的吠声，致使演说中断下来。贺客中响起笑声和叱骂声，演说者不得不将狗牵出外边去。那些"亲爱的朋友"，对这扰人的闹剧，似乎颇感有趣，纷纷噗笑出声，举酒干杯。我悄悄向旁走去。等到小狗的主人回到席上，重新开始演讲时，我已走到候客室，并且已将帽子和斗篷脱下，坐在一张桌旁的椅子上了。

今天的菜肴很丰盛，在我一个劲儿吃烤羊肉的时候，已从邻席人口中听出有关今天婚礼的梗概。我虽然不认识新婚夫妇是谁家儿郎，倒是大部分贺客都是熟面孔，他们大多喝得半醉了。借着灯光，我略一打量周围的人们，大家或多或少都变了，变老了。昔日目光怯生、身子纤瘦的毛头小伙子，如今已蓄着胡子，叼着香烟，谈笑风生，俨然成人一个。从前，为了"接吻"案件，几乎愚蠢地走向自杀末路的一位年轻人，现在已是满脸络腮胡，在太太的陪同下，正兴高采烈地大谈地价跌涨以及火车时间表变更的事情。

虽然一切都改变了，奇怪的却是我仍可辨认出他们来。唯一可喜的是，这里特产的香醇葡萄酒和餐馆可口的菜肴，仍丝毫未变。酒，仍是带着涩味，在平底杯中愉快地流动着，泛着琥珀色的光辉。看到这，不禁唤起我心底的朦胧记忆。过去，不知有多少次的夜晚在酒馆中犯下失态的事情。但是，现在竟没一个人认得我了，我置身在喧扰的贺客中，像个偶然漂流而来的异乡人，陌生地加入他们的谈话圈。

午夜时分，我因口渴又喝了一两杯，过后，几乎跟人家大打出手。事情的起因第二天已忘记，只知那是微不足道的小事，接着三四个醉醺醺的男人，怒气冲冲地冲着我咆哮着。我也喝得差不多了，也毫不示弱地站起身。

"各位！我虽然不曾打过架，但照样可奉陪。不过最好别让那位先生上场，他患肝脏病恐怕不堪一击。"

"你怎么会知道呢？"他虽仍粗声暴气的，但显然已有点儿色厉内荏。

"我是个医生，看你的脸色就知道了。你今年四十五岁吧！"

"不错！"

"约在十年前，你曾患过一场严重的肺炎。"

"患过，这就奇了！你到底怎么知道的？"

"只要功夫深，就不难知晓。时间不早了，各位！晚安。"

他们都客客气气地跟我招呼，那位患过肝脏病的男人还对我点头为礼。实在，我对他了解甚深，连他的名字、太太的名字，都能一口道出，因为从前在工作完后，我们曾交谈了好几次。

我回到卧室，先洗一把脸，然后隔着窗户眺望青碧湖面好一会儿，才上床。宴会的骚扰声虽已徐徐平抑，仍隐约可听到，但我因疲倦所袭，一觉就睡到天亮。

风暴

第二天上午，继续踏上我的旅程。出门时已不算早，满天阴霾，一片片灰色或淡紫色的云朵在天空疾驰，强风迎着我的脸颊。不多久，我已爬到山脊，湖畔就躺在我的脚下，瞭望远处的小镇、城堡、教堂和小舟渡口，小得就像玩具一般。此时，胸中突然浮起曾经在这里做的许多好玩有趣的事情，自己竟情不自禁地笑了出来。到了这里，也就是告诉我已快接近旅游的目的地，但不知怎么的，心胸突感烦闷阴郁。

在冷风呼啸的空气中行走，步子特别快。烈风呼啸过耳，我一边在山脊的小径继续走着，一边眺望眼前那逐渐扩展的雄伟景致，顿感心旷神怡，心胸欢欣跃动。东北角上空的天色已转澄明，远远望去，群山连绵，层峦叠嶂，一片苍翠。

愈爬愈高，风势也愈强。风，忽笑忽呻吟地歌唱着，像疯狂、捉摸不定的秋天一样。人虽也是情绪无常，但比起它，就真是小巫见大巫了。片片飘浮的云朵，布满天空，形成好几道平行线，在风声陪衬下，仿佛是古代诸神矗立云端，用一种前所未闻的远古话语，在我耳畔叫嚷着。它们似乎无比强横霸道，连群山也在它们之下恭顺地屈服。

这一阵风声的呼啸以及远山的瞭望，已把我心底的稍许不安和窒塞，涤除净尽。整个大地充满蓬勃之气，对于自己青春的消逝以及往日疯狂的兴奋，已不再悬念于心，也不觉有什么值得留恋惋惜。

中午过后不久，我已顺着山脊小路走到顶端，站在那里休息。我的视线越过宽坦的平地，再飞到遥远的彼方。那里是一片黛绿的山峦，再过去连接着黄澄澄的岩山和重重叠叠的丘陵地带，再往后矗立着陡峭嶙峋的岩壁和金字塔形白皑皑的雪山。脚下是宽广的湖面，两艘帆船在湖面轻快地滑行，浪花飞溅，景致一如海洋。岸边呈绿色和茶褐色，那里有黄得像火焰一般的葡萄园，有彩色的森林，有闪闪发光的铁路，有果树包围的农村，有肃杀的渔村，有位于丘陵地带间色彩明暗不一的小镇……当褐色的云朵飘过时，那清澈湛蓝的天空，就像被撕得片片一般。积云中的太阳形成彩色的扇子。一切都在流动着，连群山也似乎在移动，阳光下斑斑驳驳险峻的阿尔卑斯山山顶，也是不安定得像在跳跃一般。

随着那一阵旋风和云的疾驰，我的感情和欲望也热切地浮动，渴望飞到那遥远的地方去，拥抱那遥远如锯齿状的雪峰，或跳进淡绿色的湖中稍作休憩。往日漂泊时各种令人神往的感情，像云影一般多彩多姿，络绎不绝地在我心中疾走；想起未竟的雄心壮志，想起孤零零的一身以及多年来寻求故乡的心情，这一切似乎已被空间和时间完全隔离，不由你不感叹人生的短暂和世界的丰裕。

湖面的巨浪徐徐消逝，已听不到泪声，也不激起泡沫。我的心也逐渐平静，苍穹像服帖的鸟一般，一动不动。

于是，我带着微笑和眷恋的心情，回头转视附近那极熟稔的弯路、森林的圆形顶端以及教会的尖塔。我美丽的青春期所住的故土，仍以往日的亲切眼神对我凝视，我热血沸腾，内心感动之余，涌出一种安全感。我就像一个战士在地图上找寻昔日戎马的痕迹，在这秋天的景色中，我也读到许多令人惊讶的愚蠢行为，以及如今看来仿佛传奇般的恋爱故事。

往事

我在一块避风的大岩石旁吃午餐，果腹之物是黑面包、香肠和乳酪——在强风吹拂的山峦步行数小时后，再来啃几口三明治，这也是一种莫大的乐趣，少年期最纯洁的欣悦，也是有这股沁人心脾的甘美，令人满心舒畅。

明天，明天也许要经过橡胶森林区，这是我的初吻纪念地，那是尤小姐给我的初吻。为了她，我特地加入当地市民举办的一次远足会，远足完毕，随即脱离。

不巧的话，也许后天会在半途中邂逅她。她已和一个名叫海薛尔的富商结婚，生下三个子女，其中一女，长相与她极为酷似，仍取名为尤。我所知道的就是这些，但已嫌太多了。

我还记得很清楚，经过一年的漂泊后，我曾经从异乡寄一封信给她，大意是说，今生我已无指望获取高官名位和财富，要她不必等我，及早另适良人。她回信说，希望我不要说些无谓的话，徒然增加彼此心灵的苦恼，不论或迟或早，只要我回去的话，她一定会等待我。岂料，半年后，她又来信称她已与海薛尔结婚，可还我自由之身等语。我一时恼怒万分，也不愿写信，只倾我所有的一点儿钱，打一通交际电报向她祝贺。

人生就是这么无聊！也许是偶然，也许是命运的嘲笑，也许是绝望产生的勇气——在恋爱的幸福破碎之后，前此所渴望而不可得的成功、利益、金钱等，竟像被魔法驱使似的，轻而易举地获得，但这又有何用呢？我想，命运之神真是反复无常的怪物，因此，和朋友们连喝了两天两夜，把口袋里装得满满的钞票花得干干净净。

以后所发生的事情，我倒没再仔细回想下去。吃过饭后，我把包食物的空纸袋，迎风投去后，立刻裹着斗篷躺下休息。此刻脑中所萦绕的倒是我俩热恋时的情景以及她的风姿。她，脸容修长，眉毛如黛，眼睛乌黑晶亮。接着又浮起那天在橡胶林中的事情：她先似欲推拒，但还是听了我的话，我吻下去时，她身体震颤一下，终于互换了一吻；她睫毛里还浮着泪光，像刚从睡梦中醒来似的，嘴角留着极微的微笑。

过去了！一切都过去了！这里最可贵的是，此后我们并没再接吻过，没再在黄昏时一起去散步，也没做出越轨的事情。最可贵的是我曾为这次恋爱所流出的力量，为她而奋斗，不惜赴汤蹈火也引以为快乐的那股力量。只要能博得她的微笑，即使要我牺牲几年的岁月也在所不惜；只要为她一瞬间的幸福，即使要我付出生命的代价也在所不惜。这样对我而言，也是一种快乐、一种幸福。

我站起身，吹着口哨继续走着。

下坡走到山脊对面的河畔，注视一会儿广阔的湖水，不得不动身离开时，西沉的太阳已在和钝重的黄色云块作最后的挣扎、战斗，黄云用面纱次第将太阳包围吞噬。我在那里伫立休息片刻，欣赏天空的奇妙移动。

淡黄色的光束从重重叠叠的云层边缘向东方和直上空发射，偶尔迸出火红的光线，霎时，天空仿佛燃烧般一片赤黄色，同时，所有的山岭也如染上绀青色，湖岸枯萎的芦苇犹似野火般地燃烧着。接着，大地的黄色全部褪尽，红色光线也趋柔和，在薄如面纱的云朵周围飘浮着，穿过那灰蒙蒙的雾霭，宛如无数的细血管。然后，灰色和红色徐徐混合起来，呈现紫丁香花的色调，那种美实在无可言喻。

这夕阳美景，像起痉挛似的消失了。我总觉得，广阔的地平线上所呈现的这种燃烧般的颜色以及迅速而无常的现象，似乎具有某种奔放的东西，足以攫夺人心。想着想着，我回首向山野方面看去，才惊觉谷中景色已带着暮色的肃杀，寒气森森。走到一棵大胡桃树下时，不经心踩到一颗胡桃，我即俯身捡起，剥开壳子。这是一颗新鲜、水汪汪的淡褐色胡桃，我咬了一口，一股浓郁的芳香喷出来。这霎时，又撩起了我的一丝回忆。那就像一片镜子的反射光线，出其不意地照进黑暗的屋中一样，那些早已成过去和早已忘怀的生活片段，突然无缘无故地点上火苗，照进现实生活之中，不由你不感到惊吓恐惧。

十二年了！也许还久一点儿，每当回忆想来，对我，那是非常值得珍惜，同时也令我感到痛苦的一次体验。那时，我大约是十五岁，在外乡读高中。秋季的某一天，母亲特地来学校看我。我那时的心理也跟一般同学一样，大有身为高中生就自觉不可一世之慨，所以，对母亲的态度非常冷淡骄傲，似乎一举一动，任何微细的事情都大伤母亲的心。第二天，母亲要赶回家乡了，动身前，又来到学校，在教室外边等候我们下课休息的时间，待我们熙熙攘攘地飞奔出教室时，她已站得远远的，用那美丽温柔的眼神朝我微笑。但是当着许多同学的面，我只得慢吞吞地走过去，并且也只是微微向她颔首。母亲的神情似乎想对我作吻别或者说些祝福的话，至此也只好作罢了。母亲虽然很伤心，但仍是尽量装出笑容，半晌，她突然急匆匆地越过马路，走进一家水果店，买来一磅的胡桃，将纸袋塞进我手中，然后才搭火车回去。我愣愣地看着她拎着款式过时的小手提袋的背影，直到在街角消失为止，一时，眼泪不禁夺眶而出。我悲伤后悔，后悔自己的愚蠢和粗暴。那时刚好有一位同学从我眼前经过，这位同学经常和我闹别扭。"哦！袋子里是巧克力糖吗？"他话中带刺地笑问道。我立刻又绷着脸，伸出手将纸袋递给他，他并没接受。后来我便把那些胡桃，一个不留，全部分给低年级同学。

这件往事，现在回忆起来犹感愧疚，后悔不已。

吃完这颗捡来的胡桃，我把壳子扔向黑森森的叶丛中，然后，顺着山谷一直向前走，不久便经过枝叶枯黄的白桦树林区，通过并排耸峙的青翠枞树丛，终于走进树影浓密、黝黑的高大橡树林。

静寂的村落

漫不经心地继续走了两个小时，才发觉暮色下的森林小径纠结不清。我迷路了。天色愈来愈黑，寒气愈来愈浓，我焦急地寻找出口，汗也愈流愈多。若想笔直地穿过这片阔叶树林，根本不可能，一是因树林太过茂密，二是地面到处潮湿不堪，而且一片黑漆漆的，实在难以行走。

在夜晚迷路，实在别有一番滋味。我绊倒了又爬起，爬起来又跌倒，弄得筋疲力尽，就这样摸索着前进。还不时停下步子，放开嗓子吼叫着，且竖起耳朵去听回音——大地又回复了静寂，没有一点儿声响，那浓浓的黑暗以及森林深处的冷冽和森严，像一张厚厚的天鹅绒布帘，从四面八方向我包围着。是愚蠢，也是无聊，那几乎已忘怀，与那无缘的恋人道别时，穿过森林、夜色、寒气的往事，倏然浮上心头，还使我兴起欣悦之感。我开始哼起以前自己作词的那首恋歌——

只因遇到美丽的你，

我的眼神由惊奇而沉寂，

我的心扉已全部关闭，

只是静静地回味那美妙的回忆。

这几句幼稚而愚蠢的诗句，勾起我那褪色的少年时代的回忆。我曾为此，长年累月从一个城镇漂泊到另一个城镇，最后落得身心皆斑斑伤痕，但它也的确给予我不少的欣慰——我一边唱着歌，脑中一边编织幻想和诗，一边极其辛苦地在窄小弯曲的山路中摸索。累了，就闷声不响地继续走着，最后，我实在走得筋疲力尽了，刚好摸索到一株大橡树树干，便靠在那里休息。这棵橡树有常春藤纠结盘缠着，因夜色浓暗，看不到树的枝梢。我大约休息了半点钟光景，脑中回想一些愉快的往事。

不知不觉走到一个陡峭的山腰上，我站在林间往下瞭望，赫然发觉这里竟是森林尽头。底下广阔的森林山谷在夜色中酣睡着，脚下静悄悄地躺着透出六七盏灯光的小村落；灯光幽暗，只能隐约看到那些不规则地连在一起的低矮房屋，中间有一条屋影幢幢的小路，前端有一座大喷水池。村庄的直上方，也就是面对我的山腰间，有一座礼拜堂，周围是墓地，这时正有一个手持灯笼的男人，爬坡而上。下面的村庄中，不知哪一家传出少女的合唱声，声音清脆嘹亮。

现在我究竟身在何地？这个村庄叫啥名字？我全然不知，也不想去知道。

这里是森林尽头，头上又是山顶，找不出通路，我只好小心翼翼地穿过斜度很大的牧场，顺着村庄方向走下去。先踏入一块空地，再往前爬上一段狭隘的石阶，再前面是一堵倒塌的石墙，我翻墙攀过去，跳过一条小沟，才抵达村中。

第一家是农家房屋，经过那里再拐到一条弯曲沉静的小路，片刻，我便发现一家旅店。

楼下静寂而黝黑，房门口铺着石头，爬上楼梯，二楼是铺砖走廊和客厅，这楼梯已很破旧，栏杆扶手的木工做得很不讲究，粗细不一，梯旁用绳子吊着一个灯笼照明。客厅非常宽敞。在这昏黄的大房子中，摆在暖炉旁的一张桌子，在吊灯的照耀下，宛如漂浮的光明之岛一般。此时，有三个农夫围坐在桌旁喝葡萄酒。

暖炉中还有火苗，映着幽微的灯光，可看出这是用暗绿色的瓷砖做成的方形暖炉，有一条黑狗正在下面睡着。女主人看我进去，向我道声"晚安"，一个农夫转过头目不转睛地对着我。

"他是谁？"他诧异地问道。

"我也不认识。"她回答。

我朝着桌子方向走去，对他们略事招呼，坐定后，也要了一瓶葡萄酒。这必是今年刚酿成的，虽只是淡红色的葡萄汁，但已有强烈的发酵味道。喝下几口，暖过身子后，我开始询问有关投宿的事情。

"哦！事情是这样的，"女主人耸耸肩答道，"本来我们还有一间空房间，不巧的是今天被一位男子住进去了。那间屋里本来也还有一张空床铺，不过，那位先生已经睡着了。您过去问问看怎么样？"

"那就不用了。再没别的地方了吗？"

"地方是有，但没有床铺。"

"可以在暖炉旁边睡觉吗？"

"睡在那里当然也无妨。这样的话，等一下我可拿一条毛毡给你，炉里再添几块木柴，这样就不会受冻了。"

于是，我从行囊中拿出蛋来，麻烦她替我煮一下，一边吃香肠，一边问她从这里到我旅行的目的地，还有多少路程。

"从这里徒步到伊尔根贝克需多少时间？"

"大约要五个钟头。住上房的那位客人明天也要到那儿去，他是当地人。"

"真的？那他到底来这里做什么呢？"

"来买木材，他每年中都要来一趟。"

三个农夫并没加进我们的谈话圈。我心里忖道，他们必是和那位伊尔根贝克商人订定木材买卖契约的森林所有者，或者是运送工人。很明显地，他们似乎把我当作是衙门里的人或是做同行生意的人，压低嗓子谈话，对我深怀戒心，我也不去答理他们。

当我吃完晚餐，回到椅子落座的同时，刚才少女的歌声突然又响起来，声音很大，似乎就在附近。她们唱的是一首抒情民谣《美丽的花匠妻子》。唱到第三句时，我便站起身，朝厨房门走去，悄悄扭开门的把手。那里正有一位老女佣和两个少女坐在桌旁，就着蜡烛光，一边剥豆荚一边唱歌，桌上的扁豆堆得像山一般高。老女佣是何模样，我没多去注意，只留心其中一位小姐是金色头发，身材健美，散发着青春的光辉；另一位是棕发美娇娘，发辫卷曲，形成所谓的鸟巢形，端坐在那里，显出一本正经的样子，一边浑然忘我地唱出纯真如孩童的歌声。蜡烛光的反射，照出她那晶亮的眼眸。

看我站在门口，老女佣只是不在意地笑笑；金发女郎皱了皱眉；棕发少女抬眼注视我一下，随即垂下头，脸颊微微泛红，然后又开始高声唱起来。因为这时正好从新节唱起，我也插进去有一搭没一搭地哼着。一边唱，一边叫女主人抬来一张三脚小桌和葡萄酒，对着她们坐下。那位金发少女随即抓一把扁豆送到我眼前，于是我也帮着剥起豆荚来。

这支歌唱完，大家不约而同抬脸互相注视，不由得笑起来，棕发少女的笑靥尤其迷人。我把酒杯推到她前面要她喝一点儿，但她不接受。

"你也未免太高傲了，"我说，"大概你是修泽格多地方的人。"

"不是，为什么你会认为我是这地方的人呢？"

"因为我曾听过这样的一首歌：修泽格多好风光，处在山谷，四周是青山，那里的姑娘长得娇又美，只是冰冷如霜。"

"这位先生是修瓦本地方的人。"那位老女佣对金发少女说道。

"是的，我住在修瓦本，"我不问自答道，"那您是乌西科洛西高地的人吧！"

"就算是吧！"她哧哧笑着。

随后我的目光就一直落在棕发少女身上。我把扁豆排成"M"字形，问她的名字的起头字母是不是这样，她摇摇头。我又排成"A"字形，她点点头，于是我开始乱猜起来。

"你叫亚格内丝？"

"不对。"

"安娜？"

"差太远了！"

"亚丽海蒂？"

"也不对。"

我猜了好几次，全没猜中，她似乎也因此而变得活泼起来，最后还叫道："哇！你好笨哪！"

我只得要求她自己说出来，她似乎羞臊得不知所措，求了好几次，才低声迅速地答说："雅茄特。"说毕，脸颊飞红，宛如暴露内心秘密一般。

"你也是做木材生意的吗？"金发少女又询问道。

"不是，你看我像做什么事情的人？"

"那么你该是测量技师？"

"也不对，你怎么会猜我是测量师呢？"

"不为什么，我只是这样想。"

"你的心上人是测量师吧！"

"是又怎样？"

"快剥完了，我们再唱一支歌结束今晚的工作好吗？"美姑娘提议道。

于是，大家又合唱一曲《夜寂寂》，曲终，大家都站起身来。我伸出手一一向她们说声再见。对棕发少女还特别冠上她的名字说："晚安！雅茄特。"

回到餐厅时，那三位老粗正要散席离开。他们对我的举措，完全不闻不问，只是慢条斯理地将桌上的残酒剩菜悉数扫光，并且，临走也没算账。由此看来，他们八成是那位伊尔根贝克商人的客人。

他们起身离去时，我向他们道声"晚安"，他们却相应不理。我恨恨地随手关上门，一会儿，女主人便携来毛巾和枕头，两个人一同商议着如何将三张椅子和一张长凳排成床铺。她走开时，还叫我放心，说不要收我的房租，我也礼貌地向她称谢。

脱下外衣，盖上斗篷，躺在微温的暖炉旁，我脑海里只是一味思索着棕发少女雅茄特的事情，此时突然浮起孩提时经常和母亲一起唱的一首古老的童谣其中的一段歌词：

花儿虽美
青春的少女
比花更娇美

雅茄特就是这样的姑娘，她貌美如花，但比花更娇艳可人，这样的美女也许任何一个城镇都有几个，但有她那种韵致的却不多见。她就像个大孩子似的，腼腆羞怯又令人乐于亲近，一见就使人有一种清新脱尘的愉快感觉。她那纯真无垢的眼眸，犹如森林的泉水一般泛着清澄的光辉，看到她们，不会使你有非分之念，只是令你觉得喜爱而已。不过，这也激起了我几许悲伤惆怅的感触：有朝一日，如此美艳的青春花朵，也难免要遭凋萎的厄运。

也许是因暖炉的温暖，不知不觉中，我睡着了。睡梦中我回到了南国，躺在小岛岩岸的沙滩上，一边晒太阳，一边瞭望棕发少女独自划着小舟向浪心驶去，她的背影愈来愈小……

清晨动身

暖炉已冰冷，我的双脚冻得发僵，从寒冷中醒了过来。睁眼一看，天已破晓，旁边的厨房传来生炉火的毕剥声，屋外的草原罩着薄霜，这是今秋的第一次降霜。昨夜，我将就睡在坚硬的板凳上，虽然睡得腰酸背痛，但还是一觉睡到天明。我起身来到厨房，和那位女佣打过招呼后，便在洗手台洗漱，顺便刷刷衣服，因为昨天风势强劲，衣服沾满斑斑灰尘。

我回到房间坐着开始喝热咖啡时，那位木材商客人走进来了，他热络地跟我寒暄一阵，便在我身侧坐下。我替他倒了一杯咖啡，他也从旅行用的水壶中倒出樱桃蒸馏而成的酒，怂恿我喝喝。

"谢谢！我不喝蒸馏的酒。"我说道。

"真的？我倒是非喝这样弄成的酒不可，因为不这样就喝不下牛奶。嗨！真伤脑筋，每个人都有各自的毛病。"

"不，这不算毛病，你也别自怨自艾了。"

"好！我不自叹了。说实在的，我也没想到会养成这种毛病。"

他似乎是个非常谦卑又喜欢自责的人，令人觉得他是个彬彬有礼的绅士，虽然热络得过火，但会让你像遇到故友似的彼此毫无隔阂。他的服装很称身潇洒，布料也极佳，却不俗气。

他也目不转睛地注视我，看我穿着短西裤，于是问我是不是骑自行车来的。

"不，我是走路来的。"

"原来如此！这就叫徒步旅行吧！的确，如果时间充裕的话，这是一种很好的运动。"

"你是来买木材的吗？"

"不是做木材生意，我只买一点儿供自己家里用的。"

"我还以为你是经营木材的呢！"

"哦！不，不，我是做一点儿呢绒生意，一个零售小布商。"我们边喝咖啡边吃奶油面包，当他伸出手取奶油时，我发觉到他的手指纤长而匀整。

他说，从此地到伊尔根贝克步程约需六小时。因他是搭马车来的，曾一再亲切地邀我一同乘车回去，但我没接受。我向他仔细问明徒步的路径，好不容易弄清楚路径，便招来女主人，付了少许餐费，将面包装入口袋中，向商人道声再见，就下楼而去，经过铺石的房门，踏进清晨冷冽的空气中。

门口摆着那位布商的座车，那是可以乘坐两人的一种轻便马车。这时正好佣人从马厩牵马出来。这匹马小而肥胖，红白两色斑驳间杂着，好像一头母牛。

穿过山谷后，我顺着小河一直向上走去，不久就开始向森林顶峰爬去。在这段踽踽独行的路程中，我不禁想到半辈子以来，我自己就是这样孤独走出来的，不但散步时如此，在人生所有的路程中也无不如此，虽然我时时都有亲戚、好友或爱人，但最后他们都不能使我慰藉和满足，没有人能把我从一向所走的轨道拉进另一条轨道。也许人类就是这样，不管你身处何种地位，都像投掷出去的球一般，滚动的轨迹是固定的，即使你嘲弄命运或打算强制命运，也必须依循着早已决定的路线。任谁都莫不如此。命运存在于我们的内部，与外界并无关联，因此，人生的表面现象，也就是肉眼所能看到的事情，并不太重要，一般认为的重大要事，甚至连一般所称的悲剧，也往往是无足轻重的无谓事情。为某种悲剧所屈服或者骤然呼天抢地的人，实际上他们是为着一种眼睛看不到的事情。

我又想到，如今我本是个自由自在的人，为什么要被这伊尔根贝克小镇所驱策呢？那里的住家和住民已经与我毫无关系，旧地再临，除了给我带来烦恼和幻灭外，恐怕再也找不出任何目的了。走着走着，我也为自己的矛盾、犹疑、不安感到可笑。

这是个美丽的清晨，秋天的大地和空气，略带初冬的韵味，那种冷森森的清澄，随着太阳的上升已徐徐减退。成群的白头翁鸟排成楔形，发出扑扑之声，掠过田野而去；放牧在山谷间的羊群缓缓地移动着，扬起的轻尘，和牧羊人的烟管吐出的袅袅青烟混合在一起。这种景致，陪衬着山岭起伏、蓊郁青翠的森林以及柳树夹峙的小河，在透明如玻璃的天空下，仿佛一幅色彩鲜艳的图画。美丽的大地，仿佛在向世人尽情吐露它的朦胧憧憬。

山峦悄悄地耸峙天空，微风寂寂无声地在山谷中休憩，枯黄的白桦树叶从树枝飘落，成群的飞鸟越过苍空。每当看到这些情景，我总觉奇妙得不可思议，它们比起人类精神上的各种问题或行为，更能引诱我的兴趣。看到这样的景致，你将会赞叹造物的神奇，而自惭己身的渺小而抛弃你的矜傲，并且会衷心感谢大自然的赐予，感觉身为宇宙过客而自豪。

森林旁边，一只雉鸡发出尖锐的叫声从我身前的草丛里跳出来。树莓的褐色长叶片向路上下垂，每片叶上都附着如丝绢般的透明薄霜，好像天鹅绒上缀着的细毛一般，银光闪耀。

在森林中跋涉久久，好不容易才抵达一座山丘和一个很宜于眺望又开阔的山腰，这以后的路径，我隐约还可记忆出来。但昨晚投宿的小村始终不知其名，我也没去问它。

我一直是沿着森林边缘行走，经过一夜风雨，沿路潮湿不堪，到处是一池池的积水，我只得尽量挑选有树根的地方踩去，或者借着树枝和树干的弹力，跳来跃去的，忙得我不亦乐乎，已无暇多去胡思乱想。

伊尔根贝克

步行两个钟头后到达修夫达辛根村，以前我曾来过这里，所以知道它的名字。当通过村中的小路时，我看到在一家新盖的旅店前停着一辆马车，瞥见那匹毛色斑斑而特殊的小马，我立即了然那是那位伊尔根贝克商人的坐车。

他刚跨出门口走过来，好像正要跨上马车，一眼看到我，立刻远远地挥手大声招呼。

"我因有点儿事情在这里停留了一下，现在就径自回伊尔根贝克去。一起上车怎么样？如果你觉得走路不方便的话。"

一来他邀得很恳切，二来此时我也急着赶到旅行的目的地，所以也就接受下来。他给了旅店的佣人若干小费，自己拉着缰绳，策马出发。马车在平坦的道路上轻快、安适地奔驰着。我折腾了好几天，如今俨然绅士模样舒坦地坐在马车上，也自有一番乐趣。

商人并没再多问些什么，耳根清净，也是一大享受，否则，我恐怕会立刻下车而去。他只是问我：此行是否属于纯粹游山玩水的旅行？从前曾否到过这里？如此而已。

"现在到伊尔根贝克在哪里住宿最好？"我问道，"以前有一家鹿肉店是个好住处，主人名字叫做贝利葛。"

"哦！那个人已经过世了。现在那家旅店由一个巴耶伦地方的人顶过去经营，听说生意门可罗雀，不过这也只是道听途说而已，不知确不确实。"

"不知修瓦本宾馆现在情形如何？当时的店主名叫修斯达。"

"这个人还健在。这一家风评似乎很不错。"

"那么就住这一家。"

我的旅伴似乎好几度想作自我介绍，但我总是把话岔开，没让他讲下去。我们就这样在明灿美丽的秋阳下奔驰着。

"到底乘马车还是比徒步舒服得多，不过步行有益身体就是了。"

"也得有一双好鞋子——哦！你这匹马颜色斑杂，很惹眼的嘛！"

他叹了一声然后笑道："你也注意到了吗？的确，它招来许多人的嗤笑，镇上的人都称它是'母牛`，虽不是恶意，还是很叫人生气。"

"照料起来很费事啰！"

"是的，简直可说得无微不至。我实在很喜欢这匹马，你看，我们在谈这家伙的事情，它就把耳朵竖起来了。它已经七岁了。"

最后的一小时中，他似乎很疲倦，彼此几乎没有交谈。重临青年时代所住的地方，令人不安的同时又自有一种甜蜜温馨的心境，每逼近一步，愈增亲切之情，心魂随之神往，许许多多的回忆，如梦幻般闪烁脑际。往事如烟，已不复挽回，所留下的只是怀念和怅惘。

马车加足马力越过一座小丘，镇上的景物立刻展现眼前，在住家、小巷、庭院等混然夹杂之中，两座教堂、镇公所的山形高墙、城墙边的高塔，傲然峙立着。不知怎么的，对着这座形状滑稽如葱头的铁塔，我竟激动得胸口怦怦跳动，真想挥手跟它招呼，这种心情是当年所未有过的。塔，仿佛还认得我似的，铜盖闪闪发光，仿佛无比欣慰地在对我横目注视，就像看到一个昔日的逃亡者或无赖汉，突然一变成为朴实端谨的人而回归故乡似的。

这里的一切都如往日，看不到新盖的建筑物，也没有新铺的道路。看到这，回忆的热流犹如南国的旋风向我袭来。我曾在这塔下，度过如童话般的青春时代，度过充满憧憬的许多昼夜，度过忧郁而美妙的春天；在那间温暖的顶楼房间里编织幻想，度过漫漫长冬。当我恋爱时，每晚每晚都到那条多树的小路，焦躁、绝望地徘徊着，抱着头苦思种种冒险的计划。也是在那里，我与她接吻，与她腼腆地定下初恋的山盟海誓，尝到幸福的滋味。

"喏！再走一会儿见到路尽头，就到我家了。"商人道。

"去你家！"我心里忖道：好热情、好中听的话。

美丽的庭园以及如画般的场面，一幕接一幕地涌过，许多已经忘怀的事物，正列队对我迎接，我忍不住想下车去。

"请你稍停一下，我要从这里开始走路去。"

他惊愕半晌，然后拉紧缰绳，让我下去。我与他握手致谢，正要迈步前行时，他咳了一声说道："如果你住宿修瓦本旅馆的话，我们大概能再碰面。对不起！可否请教您的大名？"

说罢，他自我介绍说他名叫海薛尔。没错！他必是尤的丈夫。

海薛尔氏，一个席丰履厚又淳朴的男人，虽然他是横刀夺去我的爱人的情敌，一向我恨不得杀死他，但我还是说出自己的名字，且脱下帽子，让他先行。想起当年在我心目中如天仙般美丽高贵的尤姑娘，想起当时我鼓起最大的勇气，如梦呓般地向她诉说幸福的远景以及生活计划等，此时气得我不由得喉头像被勒紧似的。我的怒意瞬间即消逝，带着深沉的悲伤，我怅然地通过白杨夹道落叶满地的小路，进入镇内。

旅馆的一切陈设，比起童年均较高尚和现代化，甚至连台球桌和形状如地球仪的镀镍餐巾夹都有了。店主仍是当年那个人，不过葡萄酒和菜肴的种类已增多，并且也稍有改进。古意盎然的庭院中，那棵枫树依旧亭亭峙立，那有两支管的水桶还在流着水。从前，每当溽暑的黄昏时分，我常在这阴凉的庭院中猛喝啤酒，醉陶陶地度过一个傍晚。

吃过饭后，我出去街上溜达。小街依旧，我读着那些熟悉的招牌商号，到理发院刮刮胡须，买买铅笔，环顾每一家每一户，然后沿着围墙慢慢走到镇郊的小公园。我虽然能够预感到这次的伊尔根贝克之旅实在非常愚蠢，但这里的一草一木，这里的气氛，又是那样的摇撼着我的心弦，令人有回归故乡的快感，不由使我沉浸于美丽的回忆中。我几乎踏遍了每一条小巷，还爬到教会的铁塔上，读着钟架的横木上所刻的学生名字，又走下来去读镇公所的公告。不知不觉中天色已暗。

然后，我在宽广而萧条的市场中站立一会儿，便走下并排栉比的古式山形墙住屋。因夜幕已垂，视线不明，我在人家门口的石阶上和铺石路上，还跌了好几跤。走着走着，我终于来到海薛尔家门口。这是一家小店铺，二楼的百叶窗刚卷起，四个窗口透出灯光。我只是呆呆地伫立，注视这一家。累极了，心里也很烦闷。这时，有一个小男孩用口哨吹着《新娘的头纱》这首歌，从广场那边走过来，看我站在那里，便停下口哨一直瞪着我。我给他十二便士，将他支开。之后，又来一个做零工的男人，问我有什么事情让他做。

"不！没事！"说完，我毅然伸出手猛拉门铃。

尤玬

房门嘎嘎吱吱开着，门缝露出一个年轻女佣的脸孔。我问主人在家吗，她便引导我走上昏暗的楼梯。楼上的走廊挂着煤油灯，我刚摘下雾蒙蒙的眼镜，海薛尔已现身。

"我知道你会来的！"他低声说道。

"你怎么知道？"

"我妻子说的，我也知道你的过去。唔！请宽宽衣服，请进！请进——我也很高兴——请！请！"

显然他是言不由衷。对我的造访，他并不太欢迎。我呢！何尝不是感到很别扭？进入他们的小房间后，看到铺着白巾的桌子上已点着灯，显然他们正准备进晚餐。

"来，请进。尤！我来介绍一下，他是我早上刚结识的朋友。"

"知道啦！"尤答道。对我的鞠躬她只颔首表示回答，并没伸出手，"请坐！"

我坐在藤椅上，她坐在沙发上。我打量她几眼：她比以前健壮，但个子看来反而矮了一点儿；她的手仍是那么美丽；脸颊胖了一点儿，虽然仍是冷若冰霜，但已失去昔时的鲜艳光泽；纤手挥动之间以及眉梢眼角还葆有昔日美丽的痕迹，但也只是一点点而已。

"你是如何来到伊尔根贝克的？"

"徒步来的。太太！"

"来这儿有事情吧！"

"不，只是想再看一看这个小镇而已。"

"在这以前，你到过这里吗？"

"那就要数到十年前了，你是知道的。十年来，镇内大抵没什么改变！"

"真的吗？哦！这一向我几乎完全不知道你的信息呢！"

"但对你，我倒一直都有个耳闻。"

海薛尔咳了一声道："你就在这里吃个便餐怎么样？"

"如果不打扰的话——"

"欢迎，怠慢得很，只是一点儿奶油面包而已。"

然而，还是上了一碟冻烤肉和扁豆沙拉以及白米饭和梨子，饮料是茶和牛奶。主人一边殷勤地伺候我，一边谈上几句话。尤几乎未开口，只是不时以冷傲的眼神注视我，似乎要从我脸上找寻出我到底为什么要到这里来。为什么？其实连我本身也说不出所以然来。

"有孩子了吗？"我问道。于是她才加入谈话圈，所谈的不外是教育、教养问题、学校生活、生病等等，完全一派世俗的口吻。

"说来说去，子女的教育还是要靠学校的力量。"海薛尔插嘴道。

"是吗？不过我一向总认为做父母的应该尽量花费较多的时间专心去教育子女。"

"听这口气，我猜你大概还没有孩子。"

"我还没有这种福气。"

"那么！结婚了吧？"

"不！我还是单身汉。"

一块扁豆的节没摘除干净，哽在我的喉咙里。

饭后，主人提议喝一瓶葡萄酒，我没拒绝，他就径自下地下室取酒。这正是我所期望的，我好借这短暂的时间跟尤琍单独谈谈。

"尤小姐！"我开口。

"什么事？"

"怎么见面时也不跟我握手呢？"

"我想那样做才对的。"

"随你的便好了——看你生活得很幸福，我也很高兴。你过得幸福吧！"

"是的，我们都很满足。"

"那——尤小姐，难道你一点儿也不会想起当年的事情？"

"你叫我怎么说好呢！过去的事就让它过去吧！而且大家都过得好好的，我认为更应该如此。你当时不是认为伊尔根贝克不适合你住下吗？那也许是你一时想偏了，如果——"

"的确如此！尤小姐，一切既已成事实，我也无意去挽回，你也不必为我的事情挂意。不过，我的话并没有什么深意，我只是觉得青春年华的许多往事，很美很富诗意，值得重温，如此而已。"

"请你谈些别的话题吧！当时实在有许多说也说不出的话，也许你还不会如此。"

我凝视着她。她当年的美已完全褪尽，如今只不过是一个海薛尔夫人而已。"诚然！"我没好气地说道，并没加以反驳。这时，主人带着两瓶葡萄酒折转回来。

那是布鲁哥纽出产的一种烈性葡萄酒。海薛尔显然并不善饮，喝下第二杯后，样子就变了，还出口戏弄我和他太太的那段交往。她不让他说下去，他笑笑，转头又跟我干了一杯。

"最先，我妻子并不希望你到我家来。"他吐露实话。尤琍站起身，"对不起！我得进去照顾孩子们，小丫头有点儿不舒服。"说着，她就走出去。我知道她不可能再折回来了。她丈夫边眨眨眼边开第二瓶酒。

"你刚才实在不该说出那些话。"我责怪他道。

他只是笑笑："没什么！她不是爱闹脾气的人，别介意，喝酒吧！怎么样？这种葡萄酒味道不坏吧！"

"嗯！很不错。"

"是吧——喂！也许我问得无聊，你可否说说看，当年你跟我妻子到底是怎么回事？"

"不值得一提，我们别谈这些事吧！"

"是的——当然——我太莽撞了。那是十年前的事吧！"

"对不起！我得回去了。"

"怎么搞的呀！"

"我应该回去了，也许我们明天可再碰面。"

"多坐一会儿嘛——稍等一下，如果你一定要回去的话，我替你打个灯照路。那么，你明天几时来？"

"明天下午。"

"好的。那我送你回旅馆去，我们可以一起再吃些东西。"

"谢谢！不用了。跋涉好几天，累得很，我想早点儿睡觉。明天见，请代我向尊夫人致意。"

走到门口，我把他推回去，独自离开。越过宽广的市场，迈向黑暗而寂静的街道，我徘徊很久才回房。我走着，想着，不禁大骂自己蠢蛋。现在，即使有哪家破房子的屋顶突然掉下瓦片把我砸死，也无所谓。蠢蛋！蠢蛋！

雾

一大早，我就醒来。我决定即刻动身继续旅行。雾很浓，探首窗外，几乎连街道也分辨不出。我抖着身子一边喝咖啡，付清餐宿费后，随即迈开大步踏进逐渐明朗而沉寂的清晨中。

不大工夫，周身已暖和起来。我将一家家的庭院和小镇，渐次抛在身后，走进了朦胧的雾中世界。雾，将骤看似结合在一起或比邻的东西，完全隔绝，它使各种形体都陷于孤立的状态。看到这，我常有一种微妙的感触——公路上一个男人经过你身旁。他赶着山羊或母牛，也许是推着手推车或背着包裹，他的身后，一条狗摆动着尾巴奔驰着。你看他走过来，便道声"早安"，他也对你答礼。他通过你身旁后，还转过头目送你，但立刻他又滑失于蒙蒙的灰色中。住屋、树木、庭院的篱笆或葡萄园的围篱等也是如此。你也许认为对它们周遭的情形一清二楚的，然而现在，那道围墙离街道有多远？这棵树有多高？那小屋有多矮？实际情况将会令你惊讶。你认为紧邻的小屋，现在已距离非常远，远得从这家屋子的入口看不到那家房子。你只听到附近有人和动物的脚步声、活动声和喊叫声，就是看不到影子。一切的一切，充满神秘、奇妙的味道，仿佛此身已不在尘世间。经过片刻，你将会深深体会到，你也是其中的象征性的东西；同时也会感到，人与人、物与物间，根本是漠不相关的，我们所走的路，只不过是几步或几个瞬间的交会而已，所呈现的，不过是缘分、邻居、友情等虚幻的外观而已。

我脑海中浮起了诗句，于是边走边低吟着：

雾中的散步，真奇异！

草木花卉都孤独，

彼此面对不能相见，

大家都孤伶。

当我生活在光明时，

世界到处是朋友；

现在雾，

一个也无法看到。

悄悄地，万物隔绝了我，

令你无由挣扎反抗；

不知道黑暗的人，

不是聪明的。

雾中的散步，真奇异！

人生是孤独的，

谁也不能了解他人，

大家都孤伶。

忆
童
年

几天前，远方的褐色森林，已呈现出微微浅绿的明朗气色。今天，我在黄土的小路上，发现樱草的花已微微绽放。带着水汽的澄澈天空中，平稳的四月云，正做着好梦。几乎完全没下种的广大田地，光秃秃一片黄褐色，好像对着和暖的空气有所渴求一般地伸展着。仿佛祈求上苍毫不吝惜地给予它成长的力量，俾能繁衍为茎叶繁茂硕壮的绿野平畴。在这微热的气候里，所有的生物都热切、无言地等待着萌芽、苗长。

　　幼芽对着太阳，云彩对着田地，嫩草对着微风——每年的这个时节，我总怀着焦躁和憧憬的心情等候着期待给我特别的一瞬间，让我能开启新生的奇迹之钥；或者，在什么时候能给我一个钟头的时间，让我清晰地看到并能完全理解力和美的启示，我的生命带着欢笑飞出大地，对着光线张开少年人的大眼睛，一起去体验它们——每年每年，奇迹总是带着呼声和香味从我身旁通过，我以崇敬、羡慕的眼神目送它——但无法理解。奇迹总算出现了。

幼芽的覆皮破裂，阳光中泉水温柔地颤动，四处的花朵突然绽放，明灿的树叶带着泡沫般的白花闪耀着；鸟儿发出欢呼声，画出美丽的弧形，在暖和的青空中飞翔。虽然我看不到它何时来临，但奇迹毕竟成了事实。森林枝叶繁茂呈大圆形，遥远的山顶呼啸着。人们准备着长鞋、钓竿、摇桨等等，享受着欢乐的春天。我总觉得春天似乎比往年都来得美，去得也匆匆——从前，当我还是孩童的时候，春天是多么的漫长，仿佛长得无休无止。

在这大自然所赐予，使我们衷心欢跃的时间中，我经常躺在湿湿的草地上，或者攀上近旁高耸的树木，在树枝间荡秋千。或闻闻花蕾的树脂香味，或看看头顶上枝网、绿茎以及云层纠结盘错的苍穹。像个梦游病患者一般，在童年时代的幸福庭园中做个沉静的客人，一边呼吸着早晨的新鲜空气，一边追踪寻找表现力和美的奇迹的童年世界。不过很难搜寻到，所以也弥足珍贵。

远山的林木，快乐、顽强地耸立空中，庭院中的水仙花和风信子，开着光辉灿烂的美丽幼芽。童年，那时我们所认识的人还不多，但一般人，因为感觉到我们的光滑的额际还飘浮着肃穆的光彩，所以对待我们非常温和亲切。但我们本身对于那种肃穆的东西毫无所觉，在匆忙的成长中，终于，无意识地失去它。孩提时，我实在顽皮骄纵得厉害，从我幼时起，父亲不知为我耗了多少苦劳，母亲不知为我付出多少忧愁和叹息——但我的额际依然神光灿烂。我所看到的东西，都是生气蓬勃美丽无比的；我的所思所想或梦中的情景，即使那些并不是完全属于天真活泼的，但天使、奇迹、童话三者总是像兄弟一般在我的生活世界进进出出。

对我而言，从幼年时代起，我总会在田园的芳香中和森林嫩绿的新芽里，结合着某一个回忆，反复回味着春天时来造访我的那些不能理解且大半已忘却的时间。如今，我又想起了它。以下，我将尽记忆所及，叙述出来——

我们的卧室有一扇百叶窗。我在黑暗中似睡非睡地躺着，身旁的小弟正酣睡着，可听到均匀呼吸声。我虽然闭着眼睛，但很奇怪，我会看到各种色彩。先是圆形的紫色和暗浊的深红色，融进黑暗之中，然后不断地扩展，终于驱散黑暗，并且每一个圆形都镶着浅黄色的边线。我竖耳倾听风声，和风懒洋洋地从山那边吹过来，温柔地拂乱高高的白杨叶子，沉重地倚靠在不时发出嘎吱声的屋顶上。那天晚上妈妈忘了替我关闭百叶窗，我真想跑到屋外去，遗憾的是，耳中又响起爸妈一再叮咛的小孩子不能晚睡、不能外出、不能靠着窗边之类的话。

那晚的半夜，我醒过来了，悄悄起身，提心吊胆地走到窗户旁边。意外的是，窗外并没有我想象中的黑暗和漆黑，还带点儿光亮。什么东西看起来都是朦朦胧胧、模模糊糊。大大的云朵横过天空；墨绿色的山峦，看起来像是满怀着不安，仿佛正准备逃避一场迫在眉睫的大灾祸似的，想要迁徙离去。白杨在沉睡，似乎已累得筋疲力尽，好像就快要死去，或者即将消失一般。只有中庭里的石凳、井边的水桶和果树仍是不变，不过显得有点儿疲惫和阴惨。我坐在窗上，眺望着眼前褪色的世界，也不知过了多长的时间，后来，附近响起一种令人胆寒的动物嗥鸣声，我也分不清那是狗或羊，抑或是小牛的哀鸣声。鸣声使我苏醒过来，在黑暗中，我实在感到恐惧不安。我急急奔回自己的房间，钻进被窝中，也不知是否该放声痛哭一下。但，终于在未哭泣之前沉沉入睡了。

有一晚，在那关闭的百叶窗外，那些像谜样的东西仍在窥伺着，我心想，如果向外探望的话，该也是很美，同时也是很危险的吧！那阴惨的树木，疲惫而模糊的淡光，静寂的中庭，状若逃离的山峦和云朵，天空褪色的线条，遥远的那一边隐隐约约的灰白国境等等，一一在我脑海中浮现出来。于是我幻想着，有一个身上披着大斗篷大概是强盗模样的人，杀人后到哪里躲藏了。或者，有一个迷路的人，因天黑而感害怕，或因被猛兽追赶，正在哪里彷徨逡巡。那个人大概是和我的年龄相仿的孩童。也许他是离家出走，也许是被拐走，要不就是失去怙恃的孩子。他虽然勇气很够，但他大概会被即将逼近的夜之魔鬼所杀，或者被大野狼攫走吧！也许在森林中会被强盗掳走，然后，他自己也变成强盗，分配给他一把剑或是连发手枪以及大帽子和长筒马靴。

如果我漫步走出去的话，就可进入我梦里的国度中，这中间，只有一步之差。现在，一切的东西虽都可用眼睛看到，用手抓到，但我只有徒自幻想而已。

我总是没法入睡，因为在那瞬间，有一道细微的赤红灯光，从父母的卧室穿过房门枪头的小孔流泻过来，霎时，微弱颤动的光线充满暗室，朦胧发光的衣橱门上，立即描上了锯齿状的黄色斑点。我知道这是父亲上床就寝的时候了，却听到父亲穿着袜子不断来回踱步的脚步声。紧接着传来深沉叹气的谈话声，父亲仍和母亲在谈话。

"孩子们睡觉了吗？"父亲问道。

"嗯！老早睡着了。"母亲回答道。我很不好意思，实际我并没睡着。之后，谈话声中断了一会儿，但灯光仍继续亮着。我觉得好疲倦，睡意已爬上我的眼睛。这时，母亲又开始出声。

"你听过布洛基的事情吗？"

"我去看过他的病了，"父亲道，"傍晚我去了一下，好可怜的孩子！"

"病况那么严重吗？"

"非常恶劣。死神已经显现在他的脸上，恐怕拖不到春天了。"

母亲道："是不是让我们的孩子去看他一下？说不定对他会有点儿帮助。怎么样？"

"也好！你去告诉孩子吧！"父亲道，"话说回来，实际上也没必要，那么小的孩子什么事也不懂。"

"好了，休息吧！"

"嗯！睡吧！"

灯光消逝，空气的震动停止了，地板和衣橱的门又变成黑暗。一闭上眼睛，我又看到那些带黄色边线的紫色和深红色圆轮，像旋涡图形似的逐渐扩大。

爸妈已睡着，虽然四周非常静寂，但我的心境突转兴奋。爸妈的对话，我虽只了解一半，却如同落入池中的果实一般，跌落我的心田。一股不安的好奇心大举来袭，如今那急速变大的圆轮，已统统急促地飞掠过我的心。

爸妈口中所说的布洛基，几乎已从我的视界消失，充其量那只不过是褪了色，大半已消逝的记忆。我几乎想不起有这个名字。我在脑海中一再搜寻，才把它催促出来，于是出现了一张洋溢着愉悦的脸庞。最初，我只能想起，从前经常听到这个名字，我也叫过这个名字之类的事情。接着，脑中浮现起某一年的秋天，有一个大人送我苹果的事情，这样才想出那是布洛基的爸爸。往后一切便豁然开朗了。

我的眼帘浮现出一个很清秀的少年，他虽然比我大一岁，但个子并不比我高大，他就是布洛基。虽然大约在一年多前，我们曾是邻居，他是我的玩伴，但我的记忆始终不能想到这点。久久，他的轮廓才鲜明地显现出来。他经常戴着有两只角显得奇形怪样的手织青色毛线帽子，并且，口袋里经常装着苹果或面包片，还有，一碰到无聊时，他就有现成的主意和游戏提议出来。他平常总是穿着西装背心。这一切的一切都使我非常羡慕。起初，我并不以为他会有多大的力气，有一天，一个名叫巴罗勒的铁匠孩子，出言讥笑那顶他母亲手织的有角帽子，被布洛基揍得惨兮兮的，从那以后的一阵子，我对他怀着恐惧。他有一只养得很驯的乌鸦，因为在秋天时给它喂了太多的嫩马铃薯，终于死了。我们便帮他埋葬，用箱子权充棺材，但因为箱子太小了，怎么也没法盖上，最后也只得将就一点儿。我像牧师一般嘴里念着告别式的祭辞，布洛基竟听得哭出来，我的弟弟看了不禁笑出声来。于是他就打我弟弟，我不能眼看小弟无辜受欺，也挥手招架，弟弟呜呜地哭着，我们就这样不欢而散。后来，布洛基的母亲来我们家里，转告说布洛基已感后悔不迭，请我们在下午去他家里；他要用咖啡和自做点心招待我们，并且说点心已经上灶了。我去做客时，我们一边啜饮咖啡，布洛基一边说一段故事给我听。

现在我虽然已记不起那个故事的内容，但每当回忆及此，就不觉好笑。

这只是个开端而已，紧接着我的脑海里同时又浮起许多做过的事情。夏秋两季间，我们的交往最密切。大家都认为布洛基是我的好友。这几个月来，他就一直没来找我，我也几乎把他忘得干干净净。如今这些事情却从四面八方蜂拥过来，正如一到冬天五谷收成时，鸟类一齐群集过来一般。

有一次，那是一个晴朗的秋天，木匠家的老鹰从马车的车房逃出去了。那只鹰的翅膀本来被剪掉，后来又逐渐长了出来，终于挣脱嵌在脚上的小锁，飞出狭窄黑暗的车房，从容不迫地停在家对面的苹果树上。十余人站在他家前面的大街上，有的仰头上望，有的互相交谈，研究对策。威猛凶悍的老鹰静静地站在那里向下俯瞰着。布洛基以及我们这些小孩子们也挤在人群中，紧张得不敢喘一口大气。

"这下子可不会再飞回来了！"不知哪一个人大声说道。但男仆人格多洛普却说道："若能飞的话，老早就飞越过山谷去了。"老鹰用爪紧紧地抓住树枝，好几次试着振动它的大羽翼。我们既恐惧又兴奋，不知道那只老鹰会飞走呢，还是只盘踞在那儿。最后，格多洛普找来了梯子架上去，木匠自己攀登上去，伸手去抓那只老鹰。于是它又开始猛烈地挥动翅膀挣扎想要脱离树枝。我们这些小孩子都紧张得胸口怦怦跳动，几乎快要窒息，屏神静气地凝视不断振翅的美丽大鸟。之后，精彩的时刻来临了。那只老鹰挥动翅膀两三次，它大约是知道自己还有飞翔能力，便示威似的缓缓画一个大圆形，逐渐向高空上升，最后小得像麻雀一般，静悄悄地消失在闪耀的空中。虽然老鹰早已消失无踪，但大家仍伸长脖子，在那里凝立着，视线在空中搜寻。在那当儿，布洛基突然好像非常兴奋地跳起来，叫道："飞吧！飞吧！你又可恢复自由之身了！"

还有一次，事情发生在我们家附近的手推车店。

每当下大雨时，我们就蹲在那家手推车店避雨。在微暗的天色中，两个人挤在一起，倾听滂沱大雨的哗哗声，眺望着中庭的凹地，形成大小不一的河川和湖泊，雨水溢出相互交叉，变成各种形状。有一天，我们就那样蹲着，竖起耳朵。布洛基开口说道："你看，快要形成诺亚的大水灾了！怎么办？雨水已涨到森林旁边来，附近的村庄快要被淹没了。"于是我们在倾盆大雨中，一边凝听远方轰隆汹涌的怒涛声，一边环顾中庭，各自绞尽脑汁，筹谋脱除水困的办法。我说，我们可用四五根木材编成木筏，这样两个人就可在水上漂游了！话刚出口就惹来一顿痛斥，他骂道："是吗？如若那样，那么，你的爸妈和弟弟，我的爸妈和猫儿，该怎么办？难道你不想带他们一起走吗？"兴奋和危险之余，一时我并没考虑到那么多的事情，我为替自己辩解，于是撒谎道："当然，那是假定大家已经被淹死的情形下，才这样做。"但他似乎很认真地想象那种情景，悲伤地沉思着，好半晌，才说道："再想想别种方法吧！"

他那只可怜的乌鸦还活着时，不论走到哪儿都是乱蹦乱跳的，有一次，我们把它带到我家的凉亭，把它摆在横梁上，它自己没法下来，常在梁上走来走去的。我把食指伸到它的前面，开玩笑地说道："喏！雅各布！咬咬我的手指！"说着，它就啄了我的手指，虽然并不很痛，却把我惹火了，正准备打它几下作为惩戒。但布洛基扳住我的身子，直到他的宝贝鸟儿提心吊胆地走下屋梁，逃脱灾难，他还一直紧紧地抓住我。我挣扎嚷道："放开我！那畜生咬了我！"就这样两人扭成一团。

"是你自己叫雅各布咬你的嘛！"布洛基叫道，他坚决声明，鸟儿一点儿都没错。对他的强横，我也很气恼地答道："随你的便吧！"暗地里下决心，要找个机会修理那只乌鸦。

随后，布洛基就走出庭院回家去，走到中途，又折转身来向我招呼，等候我。他挨近我身边说道："喏！我已经和雅各布约法三章，以后再不会侵犯你了。"我默不作答，僵持好一会儿，他告诉我说要送我两个大苹果，我接受了，于是他才回家。

不久，他家院子所栽的苹果成熟了。他遵照诺言送来两个最大的苹果，这一来，我反而感到不好意思，毫不犹疑地拒绝了。最后，他说道："请收下来吧！这不是因雅克波的事，我早就准备送给你了！你弟弟也给他一个。"

这样，我才收下来。

有一段时间的下午，我们常在草坪上奔驰跳跃，从那里走进森林中。密林下长满柔软的青苔，玩累了，我们便坐在地上。几只苍蝇在菌上嗡嗡呻吟着，许多不知名的小鸟飞舞着，树枝吱吱嘎嘎响着。这时我们的心情非常愉快，几乎忘了交谈。如果有一方突然发现到什么特别的东西，就会指着那个方位，告诉对方。我们的身前，虽然有温和的绿色光线流动，但森林深处一片黑压压的，让人感到恐惧。簌簌的树叶声和着小鸟的鸣声，如同用魔法造成的童话秘境，形成一种神奇异样的声响，似乎蕴含着许多意味。

有一次，布洛基因为走得发热了，就脱下外套和西装背心，在青苔上躺着，躺了很久。当他翻转身子时，一边的颈子裸露着，白皙的肩膀上露出一道长长的红色伤痕，我很惊奇。本想立即问他，那一道伤痕是怎么来的。以前，我常有"幸灾乐祸"心理，总喜欢打听人家不幸的事情。但不知怎么的，我突然不想过问，便装着什么也没看到的样子。同时，对布洛基带着这么大的伤痕，反而怀着怜悯的心情。心里想着，他那时一定流了很多血，疼得不得了吧！霎时，我觉得我俩之间似乎更亲近了，不过，我当时却没说出什么话来。之后，我们就一起离开了森林。一回到家里，我就到房间取出一把非常精致的玩具手枪，这把枪是用一种名叫"接骨木"的树干木头所制成，是我家男仆在以前做给我的。我又折转出去，准备把枪送给布洛基。起初，他说我是在开玩笑，后来仍一直不肯接受，还把双手绕到背后去。不得已之下，我只好把枪塞进他的口袋内。

就这样，往事接二连三地复苏过来。我又记起在小河对岸的枞树林的事情。有一次，我看到枞树林里有小鹿出现，就招呼他跑到那边。那里，林木参天，林深荫广，踏进树干间褐黑平滑的地面，到处走遍，也看不到小鹿的影子，只看到在裸露的枞树根间，躺着许多大岩石，每一块岩石上都有一处约莫像手掌大的场所，茂茂密密地长着色泽明亮的细长青苔，好像是绿色的小痣一般。我正想把青苔揭下来，但布洛基急忙阻止道："不行呀！你可不能取下它！"我问为什么，他解释说："那是天使经过森林时留下的足迹，天使一踏上岩石，石头上立刻会长出那种青苔。"那时，我们把找寻小鹿的事情都抛到九霄云外去了，就在那里等候着，看看是否会碰到天使的来临。整座森林，又恢复死一般的寂静。黑褐色的地面上，太阳的明亮斑点遍地散落。远方笔直的树干，密集地并立着，有如高耸的红柱墙壁一般。仰头上望，繁茂的黑树冠上面，就是青色天空。凉风吹拂，风声微弱得几乎听不到，周遭一片死寂，我们俩都怀着严肃和不安的心情，心中自忖也许天使就快要来临了。过了半晌，两人突然一起默不作声地离开那里，穿过许多岩石和树干旁边，走出森林。踏出草原，越过小溪后，我们又回头向森林那边看了良久，才匆匆忙忙赶回家。

那以后，我曾和布洛基吵了一架，旋即言归于好。快到冬天时，布洛基病倒了，爸妈要我去探他的病，我去了一两次。他一直躺在床上，几乎不曾开口说话。他母亲给我半个橘子，但我总感到局促不安和无聊，探病的情形只是这样而已。那段时间我就找弟弟、雇来的长工尼克尔或者女孩子们玩耍。这样经过了很长很长的时间，雪下了又融，融解后又下；小河结冰了，又融解了，成茶褐色，然后又变成银白色；河水涨高了，从上游流下来许多溺毙的猪和木材；我家的母鸡孵出小鸡了，其中三只死掉了；弟弟患了病，又治愈了；仓库的粮食已吃光，又开始下田耕种了；大人又在屋里纺纱织布——这一切都是在我和布洛基的交往中断时所发生的事情。如此，他在我生活里，逐渐远离，以至消失，终被我完全忘却——一直到现在，直到今晚微红的灯光从钻孔泻过来，我听到爸告诉妈说"没救了！恐怕拖不到春天！"为止。

在许许多多纠葛错综的回忆和感情中，我沉沉入睡。

第二天，一碰上些琐碎忙碌的事情，业已不相往来的玩伴的记忆，也许将会消失无踪吧！纵有，恐怕也不能恢复先前那样新鲜强烈吧！然而，第二天吃早饭时，母亲随即问道："你还记得从前经常和你一起玩耍的布洛基吗？"

我大声回答："记得呀！"妈妈仍一如往日以她那温柔的口吻继续说道："春天到来时，你们就可以一起去上学了。但是，现在他的病况很严重，到时恐怕没法去上课。你去看看他好吗？"母亲很严肃地说着。

我记起昨晚父亲所说的话，虽然感到恐惧，但同时也有一种见识见识恐怖事情的那种好奇心，因为父亲曾说过，死神已显现在布洛基的脸上了，对我来说，这事对我真有说不出的恐怖和吸引力。"好的！好的！"我连声诺诺。

母亲严厉地告诫说："别忘了他是患重病的人，今天去可不准找他玩，也不能有打扰他的举动！"

我在那天清早立刻前去，遵照妈妈的嘱咐，一动身就小心翼翼地努力保持静肃。沐浴着早晨凉爽的阳光，经过两棵已落叶的栗树背后，走到沉重而略显肃穆的房屋前，我停住步子，等了一会儿，在房门口倾听一会儿，这时，真想跑回家去。久久，我才鼓起勇气，一口气驰过三个铺红砖的台阶，再穿过一座半掩着的门，一边走一边四下观望，然后才敲敲下一座门。布洛基的母亲是个娇小、庄重、慈蔼的女人，她开门出来，就拥抱着我亲了我一下，然后问道："你是来看布洛基的吧！"

她随即拉着我的手走到二楼的白色门前。我凝视她拉我的那只手，它仿佛是天使或魔鬼的手一般，正带着我走进幻想中的恐怖奇异的场所。我的心脏焦躁剧烈地跳动着，似乎在向我提出警告。我裹足不前，畏缩地踌躇着，她母亲只得连拖带拉地把我扯进房间去。那是一间光线明亮、干净舒适的小房间，我战战兢兢浑身发抖地站在门旁，凝视明亮的床铺，她母亲便拉着我走到那边去。于是，布洛基就朝向我们这边看过来。

我仔细端详他的脸庞，脸形确是瘦削多了，但看不到死神，只看到一种很微妙的光彩。眼神有点儿异样，似乎充满毅力和安详的神色。看到这里，又令我想起，那天在鸦雀无声的枞树林中，满怀不安的好奇心，屏息静气地伫立等候天使的脚步从旁边通过时，那相同的心情。

布洛基伸出手来朝着我点点头，那是发烫干燥、瘦骨嶙峋的手。他母亲爱怜地抚摸他，然后跟我点点头，就走出房去。我独自站在他那小而高的床铺旁，凝视他，好半晌两人都没作声。

"哦！我们又见面了！"良久，布洛基说道。

"是的！"

他又问道："是你母亲叫你来的吗？"

我点点头。

他似乎很疲倦，又把头落在枕头上。我一时不知该说些什么话才好，只有一边咬着帽穗，一边继续凝视着他。他也朝我注视，随即微笑了一下，然后闭上眼睛。

那时，他的身体微微向旁侧挪了挪，在那当儿，我突然看到他白衬衣纽扣的缝隙间，有红色的东西晃了一晃，那是他肩膀上的大伤痕，一看到它，我突然情不自禁地哭出声来。

"咦！到底是怎么回事呀！"他立刻问道。我没作答，只是一味地哭泣。质地粗厚的帽子擦着我的脸颊，到后来有点儿痛。"为什么哭呢？告诉我呀！"

"没什么！只是想到你病得很重。"我回答道。实际上那并不是真正的原因，实则是从前曾感受到的那种像大波浪一样充满强烈同情的情怀，又突然在我心田里涌现，一时找不到出口发泄，才哭起来。

"我的病并不那么严重呀！"

"很快就会痊愈吗？"

"嗯！大概吧！"

"到底什么时候才会好？"

"不知道，总需要一段时间吧！"

没好久，我才发觉他竟睡着了。我又在房里待了一会儿，才转身下楼，返回家里。母亲并没追根究底地盘问经过，我松了一口大气。她看到我的神态异常，似乎已洞悉这一趟探病无形中已让我体会到什么东西。她一句话也没说，只点点头摩挲我的头发。

尽管如此，那一天，我仍是胡作非为地乱闹一气，大概不是跟小弟吵架，就是去逗弄在厨房工作的女佣，要不然就是又跑到濡湿的草原上尽情玩耍，弄得浑身脏兮兮地回到家里……总之，必定有这一类的事情。因为，直到现在我还记得很清楚，那天晚上母亲曾以分外慈爱的神情，严肃地凝视着我——也许母亲是想在默默不语之中让我回忆起那天早上的事情。我也因为很能体会到母亲的心意，而感到后悔不已。母亲似乎察觉出我的后悔之意，做了很奇怪的事情。她从窗边的平台上，端出一个装满泥土的小花盆，拿到我跟前，盆中放着黑乎乎的球形根部，已经长出淡绿色的尖形嫩芽，是风信子。母亲端给我时，附带说道："这个花盆就交给你，你要留心照料它，再过不久它就会开红色的大花朵。以后你务必要注意，不要碰到它，也不可搬来搬去，同时不可忘记每天都要浇两次水，你如忘了，我会提醒你的。等到开出美丽的花朵时，送给布洛基，他一定很高兴的，你说是吗？"

母亲催我上床就寝，躺在床上后，我一直想着花的事情，我暗自期许，照料这朵花是我攸关名誉的重大任务。但到第二天早上，我又把浇花的事情忘得一干二净了，因之，被母亲注意到，说："布洛基的花怎么样啦？"起初的那段期间，我老是非被母亲再三提醒不可，虽如此，但在当时仍没有什么东西能比这盆花更能占据我的心田，并给我幸福的感觉。其实我家屋里和庭院中，还有许多其他更硕大更美丽的花，父母亲也常叫我去照料。但，这是破天荒第一次郑重地赋予我任务，要我全力以赴去修整看顾这种小植物。

最初几天，这朵小花似乎萎缩得毫无生机，好像什么地方有了故障。我先是为它悲伤，接着开始焦急，于是母亲说话了："喏！现在这盆花，就跟病重的布洛基一样，这时候，更要加倍怜爱，加倍照顾它。"

我也很能了悟母亲的这种比拟，随即产生一种新念头，现在，我完全受到它的支配了。我感觉到这朵成长艰苦的小植物和罹病的布洛基间，隐然有一种神秘的关系。不独如此，我更有坚定的信心，如果最后风信子能开出美丽的花朵，那么，我的朋友也必定可获痊愈。反之，若开不出花，布洛基大概就要不治身死了。这样，我如对它掉以轻心的话，那就罪责非轻了。我心里一画好这种念头的轮廓，就开始戒慎戒惧地守护花盆，好像是爱惜着只有我自己才知道的宝贝一般。

第一次探病的三四天后，盆花的成长情形仍非常恶劣——我又跑到隔邻的布洛基家去。布洛基仍一直躺着。我什么话也没说，只是站在床铺旁，注视病友安详宁谧的脸孔，他的视线一直对着白被单。他不时张开眼睛，随即又闭上，除此外，身子都没动弹。若是一个年长又聪明的人，恐怕多少会感觉出，布洛基的小小灵魂已经很不安定，难免联想到天国的事情了。我渐觉房里的死寂气氛有点儿恐怖，那时，正好他母亲压低脚步声走进来，温婉地拉我出去。

过后几天，我的心绪便开始舒展开来，因为我一手照料的盆花，已开始带着新的喜悦和生命力，长出尖形嫩叶。如今，他的病情也大有起色。

"你还记得雅各布活着时的事情吗？"他问我道。

于是我们把话题转到乌鸦的事情，模仿雅各布所学的那三句模糊不清的话语。接着，我又提到以前经常在我家附近停留的那只灰红色鹦鹉。我滔滔不绝地说着，虽然布洛基不多久就疲倦了，然而那时我已完全忘却他是个病人。我说，从前有一只鹦鹉，大概是迷路了，常常在我家附近出现。有一次，家里的老男仆，看到那只美丽的鸟停在仓库的屋顶上，立刻挂上梯子，想去捕捉。他爬到屋顶后，小心翼翼地挨近它身边，鹦鹉就开口道："您好！"于是，老仆人立刻脱下帽子说道："真对不起！因为我一直以为你只是一只鸟。"

我说这故事时，心想布洛基听了一定会噗地笑出声来，但他并没立刻笑出来，我惊奇不已地注视他，他只是优雅地微笑着。他的脸颊比从前稍微红润些，但一句话也没说。

那时，我突然感到他似乎比我年长好几岁。我的愉快心情瞬即消失，代之而起的是困惑和不安。因为我明显地感觉到，如今我们俩之间，似乎已涌起某种新的东西，使我们疏远，隔绝。

一只很大的冬蝇，在房里嗡嗡地飞旋。我问他，可不可把它捕捉住。"不，放它去好了！"布洛基答道。这句话我也觉得带着大人的口吻。我怀着拘谨的心情离去。

归途中，我生平第一次感受到初春的美丽，缥缈朦胧，有如罩着薄纱一般令人心旷神怡。这和感受，直到几年后——童年时代的后期，才让我重新体验到。

虽然，我无法说明那是什么情形，是如何感觉而来的，我只觉得一股和煦的微风吹过，湿黑的土块在田边高高隆起，形成田畦，闪闪发着光，空中飘浮的南风，味道大异往常。

同时，口里真想哼出歌来，但，心里好像被什么压抑着，催促我要沉默，才立刻中止住了。

这短暂的归途，给予我非常深刻的印象，虽然无法记清琐碎的事情，不过有时当我闭上眼睛，思潮落在那段时间的话，我便会认为当时稚龄的我，已感受到大自然的美——正如艺术家或诗人所憧憬、所描绘的造物主的赠物，美得毫无瑕疵的大自然。虽是短短不到两百步的路程，但在那条路途中，在它的上空，在它的路旁，我所经历的生活和事件，比我后来在许多旅行中所体验的，丰富得多多。

已落叶的果树，树枝盘错纠缠，细枝的前端，朝天空长出含树脂的赭红色幼芽，和风和层层的云朵在它上面越过，下面是光秃的地面，洋溢着春天的气息。雨水淤积，沟里的水流溢在道路上，形成一条狭窄而混浊的小河，水中漂流着飘落的梨树叶和茶褐色的木片，像是片片小舟，在水中急驰，碰上岸边的障碍物，仿佛正在体验着喜悦、痛苦等等变幻莫测的命运。我也随着它们一起体验。

突然，一只不知名的黑鸟在我眼前的空中盘旋飞翔，摇摇晃晃之余，突然振翅发出长而高亢的鸣声，闪烁翩飞，最后小得像尘埃一般，终于消失在高空中。我的心在惊异之余也随着一起飞去。

一辆空的运货马车向这边奔驰而来，响起咔拉咔拉的声音，我目送着它一直到转角处。雄健的怒马从未知的世界而来，撩起我朦胧美丽的思维，随着它，又逐渐向未知的世界消失。

那些只不过是两三个小小的回忆而已。一个小孩子在一时半刻之间，哪有可能把那看到的石头、植物、鸟、空气、颜色、影子等等，一一说出对它们的感触呢？也许那些立刻被我忘记了，但已渗进往后年年岁岁的命运和变化之中。在我的心田里，地平线的独特色彩，屋里，庭院或森林的物体响声，形色不同的影像，或者不知从何处飘来的弥漫空中的香味，这些东西经常突然间，像云彩一般不声不响地在我心中撩起往日的回忆。虽然印象模糊无法一一识别出来，但不管任何一种仍与当时无殊，令我觉得甜美无比。因为自然界的景物或一石一鸟和我之间，都有着深刻的生命的联系，同时也因为那些痕迹一旦消失，我也会努力去搜寻。

那期间，我的盆花已大有欣欣向荣之势，叶子高伸，一天比一天茁壮，同时，我的欣慰和友人痊愈的信心，也与日俱增。不久，蓓蕾微绽，开出带着白色边缘的美丽红花，但在得意扬扬心情激奋之余，把要将它小心谨慎带到隔邻送给布洛基的事情，忘得一干二净了。

之后，就是晴朗的星期天。黑油油的田里已经长出细细的绿幼芽，云朵镶上金黄色的边缘，濡湿的道路和中庭、前庭中，映着沉稳澄澈的天空。布洛基的小床铺是靠在窗边的。窗子边缘的嫣红的风信子花，迎着太阳光闪耀。布洛基要我略微扶起他的身子，倚着枕头。他和我交谈，比往常多出少许。温暖的阳光恣意地在他那蓬乱的头发上闪烁流泻，红透他的耳朵。我也变得非常爽朗，心想布洛基一定很快就可获痊愈的。他的母亲在旁边坐着，她认为我们已经谈得差不多了，便拿出珍藏已久的黄澄澄的梨子给我，遣我回家。我在下楼时就啃起梨子来，好脆，好甜，像蜂蜜那样甜，腮边和手上沾满梨汁，在半路上，我把吃剩的梨核，猛力一掷，画出高高的弧形投到水田里。

第二天，雨尽情地下个不停，我没法出去，把手洗净后，漫不经心地翻翻画有插图的《圣经》，那里面有许多我喜爱的故事，其中最喜欢的是乐园的狮子、摩西的幼儿等几篇。雨不停不歇地连下两天，下得我心头火起，大半个上午，都是在窗口注视雨点飞溅的中庭和白杨树，接着就依次把我懂得的室内游戏都搬出来玩。做完后，已近傍晚时分，我又跟弟弟打了一架。这是常有的事，先是彼此都使坏，最后弟弟说出很难听的话骂我，我就揍他。他边哭边跑出房间，穿过走廊、厨房、楼梯、卧室，逃到母亲的怀里。母亲叹叹气，没理睬我，然而在父亲回来后，就把我们打架的事情一五一十转告他，父亲处罚我一顿，训了我一阵，就上床休息。我连辩解的余地都没有，觉得好委屈，不禁流下泪来，但没好久就睡着了。

大概就是第二天的早晨，我又去布洛基家，一站在他的床铺前，他母亲就频频把手指放在唇上，似有所警告地注视我。布洛基闭着眼睛微带呻吟声地睡着，我怀着不安的心情一直注视他的脸庞。他脸色苍白，痛苦地扭曲着。他母亲拉过我的手放在布洛基的手上时，他睁开眼睛，一瞬不瞬地凝视半晌，眼睛大大的，变样了。凝视我的时候，好像在看遥远的地方一样，眼神很奇特，很冷淡，好像根本不认识我，对我很感诧异，又好像是在思索其他更紧要的事情一般——不久，我就踮着脚尖轻悄悄地走了出去。

那天下午在他母亲的央求下，我跟他说了一点儿话，他就昏昏睡着了，一直继续到傍晚，这期间，他的心脏微弱地跳动着，终于徐徐地消逝了。

在我上床就寝时，我母亲已经知道那件事，但在第二天早晨喝完牛奶后她才告诉我。我听后整天都像梦游病患者一样不停来回踱步，老是想着布洛基到天国去了，他自己也已变成天使。我不知道他那肩上带伤痕的瘦羸小身躯，是否还在隔邻的房间睡着，至于埋葬的事情，压根儿没看到，也没听过。

有一段时间，我脑海中频频萦绕着这件事，故友的影子，自近而远，终于消逝。不多久，真正的春天，出其不意地来临了。山林中，黄黄绿绿的鸟儿在飞翔。庭院里，飘荡着蓬勃茁长的芳香；白杨树微微绽开的幼芽，柔嫩翻卷的嫩叶，向外探索着；每一条沟边的田畴闪耀着金黄色，粗壮的稻茎迎风摇曳，似乎在笑了。

婚

事

雄鹿胡同中有一家卖夏布一类的古朴布庄，这家店铺和附近的几家商店一样，还未受到时代新潮流的影响，生意仍非常兴隆。这家布庄，在客人回去时，即使是二十多年来的老顾客，也会说声："请下次再来惠顾！"偶尔，来了老太婆想以德制尺寸来买束发带或花边布之类的零碎布片，他们也不惮其烦，一丝不苟地拿出德制尺来应待。负责接待顾客的，是迟迟未嫁出的店家千金小姐和一个雇用的女店员。店主从大清早到晚间也在店里不停地忙着，但很难得开口说一句话。他大约是七十来岁的老人，身材出奇矮小，脸色红润如蔷薇色，斑白的胡须修剪得短短的。大概在早年就已秃顶的头上，一年到头覆着质地硬厚的帆布料圆形头巾，上面有草花和波浪形的刺绣。这位老人名叫安多拉斯·王格尔德，是这个镇上地地道道值得尊敬的老乡绅。

　　这位身材矮小沉默寡言的商人，任谁也看不出他有今天的成就，他数十年来一直是这个样子，年龄老迈时固是看不出，就是年轻时，也不会让人认为他会有什么特别。但安多拉斯·王格尔德也应该有过他的少年时代和青年时代。问问当地的父老，他们也仅能告诉你，他从前有个绰号"矮仔王格尔德"，在背后被人家叫得很响亮。实际上，大约在三十五年前，他曾经有过一桩很不寻常的"事件"，虽然现在任何人都不会说出，不会去打探那件事的经纬，但在从前的格尔巴斯欧这一带，可说是家喻户晓，无人不知。那就是关于他的婚事的曲折。

年轻时的安多拉斯，从学校时代起就很不喜欢和人来往和交谈，所以，不论在什么场合，总觉得自己似是多余的人，并且觉得好像大家都在盯着他似的。因而一开始就对人非常小心，非常客气，事事总是让步，不敢忤逆人家。对老师是出自衷心的尊敬，对朋友则是掺杂着欣羡的恐惧。别人绝不可能看到他在小巷中或游戏场所出现，仅能偶尔看到他在河里游泳。冬天时，只要看到少年朋友手里抓着雪块，他便吓得立刻蹲下去。他只有成天在家里抱着姐姐留给他的洋娃娃，快乐地玩着；或是在柜台上，用天平称一称面粉、盐、沙等，把它装进小袋里，然后又倒出来，重新包好，再去称一称，就这样反复玩着。此外，他还喜欢帮母亲做一点儿家事，跑跑腿替母亲买东西，再不然便是在小院子里找寻附在莴苣上的蜗牛。

虽然同学们经常欺负他，戏弄他，但他绝不生气，几乎可说没有什么事情足以惹他生气的。大体来说，他是个很容易满足的人，日子倒也过得很逍遥惬意。他把朋友之间可以发现而无法给予他们的友情和感情，统统送给洋娃娃。他父亲早已过世，他又是迟来的孩子，母亲虽希望他争气坚强一点儿，但仍是任其所好，对他言听计从，宠爱有加。当然，这种溺爱多少怀着几许同情之心。

自离开学校后，他这种不好也不算坏的状态，只是继续到在镇上的迪尔兰商店见习一年期满为止。那时他虽只有十七岁，但那渴望爱情的心灵，开始走向截然相异的路径，一向羞怯腼腆的青年，也逐渐学会瞪大眼睛直盯着小姐们，在他的心胸中奠定起异性爱的圣坛。他的爱情愈是走上崎岖坎坷的路径，那种热焰愈发高涨燃烧。

他有许许多多认识和看到妙龄女郎的机会，因为年轻的王格尔德在见习期满后，就在他伯母开设的夏布庄工作。伯母无子嗣，他必是将来的继承人。这家布行，每天都有小孩子、女学生、年轻小姐、老处女、女婢或太太们前来，翻弄翻弄布料或发条，选选花边或刺绣之型，有的褒奖两句，有的嫌这嫌那，有的讨价还价，有当场成交的，也有因货色不如意又前来兑换的。安多拉斯总是腼腆而殷勤地接待，一下子拉开抽屉，一会儿上下搬运脚垫子，取出货品；一下子又要折叠或包装，或是写写订单，告知价格。每一星期中，他就会对不同的女顾客寄以倾心。他红着脸颊怂恿人家买花边或毛线，写结账单时手脚颤抖，等到美丽的小姐爱理不睬地走出店门时，他心口扑扑跳动，手按着门框，说道："欢迎再来惠顾！"

为了使自己所思慕的那些美丽小姐对他能有好印象，安多拉斯注意起打扮来了，并且学习各种礼节风度。

每天早上第一件事情就是缜密地梳起他那明亮的金发，衣服和汗衫弄得干干净净，焦急地等待着胡子赶快长得茂密。迎接顾客进来时，有他一套高雅的鞠躬姿势；对于递货品给客人时也有他的独到心得：左手手背平放柜台上，一只脚微微弯曲，用另一只支撑身体的重心；微笑时也能表现出充满幸福光辉的神色。此外，他还经常搜罗新鲜美妙的恭维辞。那些话虽然大抵都是由副词构成，但他时时刻刻都不忘记，同时尽量想办法使那些词汇听来更新鲜，更悦耳。他原本不擅口才，也羞于开口，很早以来，就很难得说出有主语、有述语的完全语句，所以他便找出一种"与众不同"的用语来补救。他习惯说些不能完全表达意义或者毫无意义的话，认为这样可让听者以为是很"耐人寻味"的话，以为他是富于说话技巧的人。

如果有人对他说道："你今天蛮有精神的嘛！"矮子王

格尔德就答道："的确——啊真的——总之——对不起——实际上——"女客人问说："我可以拿走这夏布了吧！"他就答："啊！是的，真的，当然，可以这么说，完全正确。"如果有什么人问他的身材模样，他就笑："对不起——当然健康——非常快乐——"尤其在可让他出风头的场合，他总少不了说几句"尽管如此""总之"之类的话。当此之时，他的全身，从弯曲的头顶到支撑着身体平衡的脚尖，都充分露出殷勤和聚精会神的表情。但最足以显现他的表情的是他的长脖子，瘦瘦细细的，青筋暴露，缀着大得惊人且不时转动的喉结，所以，这位又矮又枯瘦的店员断断续续地回答时，予人的印象是他的颈子几乎占身长的三分之一。

上苍造物，不会没有它的道理。王格尔德显著的颈子，虽然和他的口才不能相称，却也正是一个热情歌手必备的特征。安多拉斯的热爱歌唱，实非寻常可比，不管是说出那最美妙的恭维话时，或装出最高雅的商人姿态时，以至温婉地说出"总之""话虽如此"时，他的心灵深处激荡的快感，恐怕还不如他唱歌时。他的这种才能在学生时期一直被隐藏着，但踏进青春期后，便逐渐扩展开来，虽然，他的精彩表现不超出门槛之外——总之，王格尔德一向都是小心翼翼、腼腆羞怯的，以他的素性，总是极端秘密地享受他内心的喜悦和艺术，绝不会让外人知道。

晚上，从饭后到就寝的一小时间，他便隐在自己的房间里，唱起抒情歌曲，深深陶醉其中。他的歌声属于相当高的男高音，功夫不到的地方，就设法以表情来弥补。那时，他眼睛里洋溢着微微湿润的光泽，梳得很漂亮的头微微后仰，随着歌曲的抑扬，喉结也跟着上下升降。他最喜爱的抒情歌是《燕子归去时》。当唱到"别了！啊悲伤的离别！"这几句时，他拉长颤抖的声音，有时，眼里还蕴满泪珠。

他在商场上的经历，进展得很顺利，本来他还想到大城镇去磨炼两三年，但不久后，他已成为他伯母店里不可或缺的助手，他伯母不放他离开。将来，他是该店的继承人，可以保证他一生表面的幸福，但他心灵的憧憬则不如此，尽管他秋波频送，尽管他装得彬彬有礼，但在一般小姐，尤其是美丽女性的心目中，他不过是个滑稽人物而已。在连遭失意之余，他几乎对任何女孩子都表中意，只要有小姐对他稍微有所表示，他都愿意将她迎娶过来。但依旧没有一个这样的小姐闯进来，虽然他的恭维词汇已逐渐洗练，漂亮衣服也愈来愈多。

只有一个例外情形，但他几乎是毫无所觉。有一个名叫琪夏西·波蕾的小姐，对他总是非常亲切，对他的事情似乎很关心。当然她长得并不美，也不年轻，年龄大他两三岁，可是非常忠厚纯朴。此外，她出生在一个富裕的手织加工家庭，居家勤劳，颇得邻里的赞扬。街上邂逅，王格尔德跟她打招呼时，她必定很亲切诚挚地回答，来到店里，也是很温文和气，毫不矫饰，使他应付起来毫不费力。而她，却把他的那一套商人的亲切款待，当作他的真情。总之，在王格尔德看到她时，只是不觉讨厌，除此外，对她根本没有过一点儿绮念。她离开店里时，不会使他惘然若失，她不过是少数不放在他脑海中的未婚少女之一。

有时，他把希望寄托在新买的高级皮鞋上，冀图引起女孩子的注意，有时寄托在美观大方的围巾上，对他那逐渐伸长的胡子更是珍惜无比，最后，他还从一个行脚商人手里购得一只镶着大猫眼石的金戒指。那年，他是二十七岁。

但一直到三十岁，他依然带着满怀的憧憬，在婚姻生活港口的遥远处，围绕逡巡。母亲和伯母认为大有加以过问促使事情进展的必要。于是他那已达高龄的伯母，在谈话中就透露出，她希望在她还活着的时候把店务移交给侄子，但也希望他能顺利地找个镇上的女孩子结婚。这正和他母亲的心意不谋而合。两老协商的结果，一致认为最好让孩子去参加社团一类的组织，俾能学些和女性交际的事情。他母亲知道爱子非常喜爱歌唱，所以，话中隐隐暗示，要他申请参加歌唱会。

尽管王格尔德厌烦社交应酬，但原则上也同意这个意见，但他提议说，他比较喜欢属于严肃方面的音乐，希望能参加圣歌班。其实，真正的理由是玛格丽特·迪尔兰也是圣歌班的一员。她是从前王格尔德受雇见习时老板的千金，大约二十岁，是个非常美丽又活泼的姑娘，最近，安多拉斯正在暗恋她。这也是因为好久以来，他始终找不到年龄相若的未婚小姐，至少是找不到美丽的小姐。

母亲对于圣歌班也颇表赏同。这个班在夜晚聚会，虽然热闹的程度比起一般歌唱会差一大截，但会费便宜得多，并且平常练习和正式演唱时，也不乏和良家少女聚集的机会。因此，他母亲立刻带着孩子来到主持人兼指挥的寓所。主持人是一位上了年纪的学校教师，他很亲切地接待他们母子。

"哦！王格尔德先生！"他问，"这么说，你是想加入我们的圣歌班一起学唱歌？"

"嗯！是的！请……"

"你从前唱过歌吗？"

"是的！但不当……"

"那么，你唱一首看看。任何一首你还记着的歌都可以。"

王格尔德又像少年时一样，满脸晕红，连一句也唱不出来。那位教师再三再四从旁劝说，最后似乎显得很不耐烦，大有生气的模样，他才抑住不安，望着静坐在旁眼中露出失望神色的母亲，开始唱起平素他喜爱的一支歌。由于心神不集中，连最初的节拍也唱错了。

老教师以善意的眼色向他示意，他才郑重其事地唱起来。唱毕，老教师下评语说，他唱得很不错，也很能把握歌曲中的感情，但到底是偏向于流行歌曲方面的素质，何不到歌唱会中去一试求发展。王格尔德慌张失措地正结结巴巴地要作答，母亲随即热心地替他解释。她说，孩子的歌唱得并不坏，只是今天的表现有点儿紧张而已，如果能成为该会中的一员，那就感激不尽；普通的歌唱会根本是另一回事，说来并不怎么高尚，再说，她每年对教会也都有所捐赠。

总之，如能让她的孩子再练习一段时间，必定会有良好的成绩表现。老人试着劝慰他们说，唱圣歌并不是乐事，即使不如此，长时间站在练习台上的滋味也不好受，倒不如在家休息好些。但最后还是他母亲的滔滔雄辩获得胜利。三十来岁的男子竟来申请进圣歌班，并且带着母亲前来助阵，老教师活了这么一大把年纪也是头一遭遇上。这种男人加入他的合唱队，是前所未有的例子，实际上也是很麻烦的事，但这一点仍使他暗暗心喜——那不是为了音乐。他告诉王格尔德，以后可以一同前来练习，然后脸带微笑地送他们离去。

礼拜三晚间，矮子王格尔德准时抵达练习教室，为复活节而作赞美歌的练习。陆续到来的男女歌手，对这位新会员都非常亲切地打招呼。玛格丽特·迪尔兰也来了，微笑着对他颔首招呼。虽然背后好几度传来窃笑声，但他已习惯于被认为是有点儿滑稽的男人，并不以为意。让他惊讶的倒是他发现琪夏西·波蕾也在座，不久，他又察觉到她竟是很受尊敬的歌手之一。她对自己的态度一向都很亲切和睦，唯独今晚出奇的冷淡，似乎在怪他不该挤进这种场合来。但，波蕾与他何干呢？

　　练习时，王格尔德态度极端慎重。学校时期所学的乐谱常识他还约略记得，所以还可跟在人家后头一小节一小节地低声哼哼，至于整首歌可就没自信全唱出来，他惴惴不安，生恐被提出纠正。他的慌张神态看在指挥者眼里，既觉好笑也大为不忍心，离去时，安慰他道："别紧张！耐心学下去，不久就会有进步的！"话说回来，那晚安多拉斯的座位紧挨着玛格丽特，已让他体味到饱餐秀色的满足。礼拜天前后的几天正式排练，在练习台席位中，计划将男高音的位置排在小姐们的后面，他心里乐不可支，心想从今以后到复活节期间，就可以这样站在玛格丽特附近，好好地欣赏她一番。但回头一想，自己的个子太矮，届时站在其他男歌手中间，恐将什么也没法看到，想到这里又不免心头怏怏。他终于期期艾艾地跟一个男歌手吐露，以后在练习台的席位中，他所处立场的困难，当然他并没说真正令他伤感的理由。这位同伴边笑边安慰他说，一定尽力替他争取个适当的位置。

练习完毕，大家匆匆打了招呼各自回家。有几个男人，送女友回到家后，便结伙去喝啤酒。王格尔德独个儿无精打采地在教室前的黑暗广场中伫立，露出怅然的神色目送别人，尤其玛格丽特回家。正好波蕾从面前走过，他一摘下帽子，她便问道："要回去吗？我们一道路，一起走吧！"他心存感激，两人结伴并行，踏着三月寒意沁人、带着湿气的小巷，回到家中，但除了道声"晚安！"外，一路上都没交谈什么话。

　　第二天，玛格丽特来到店里，他出来接待。他把长尺挥动得像提琴弓一般，指指点点各种布料和丝绸，问她需要哪一种，说不出的殷勤，服务非常周到。他暗自希望着，她会跟他聊一两句有关昨晚的事情、圣歌班的事情或练习的事情。她果真提起那些话题了。跨出门槛时，她问："王格尔德先生，真想不到你也喜欢唱歌！你一定唱很久了吧！"他胸口怦怦跳动："是的——不如说——只是——对不起。"在他的吃吃答话中，她一边轻轻颔首，一边走出，身影消失在小巷中。

　　"看吧！看吧！"他暗中想着，编织未来的美梦，在整理收拾时，生平第一次把纯毛绦带和半毛质绦带弄错。

　　复活节已逐渐逼近，按往例星期五的耶稣受难节和礼拜天的复活节，都有圣歌合唱队的歌唱，因此练习次数增加，一星期中练习好几次。王格尔德总是照规定时间准时到场，为不让人家讨厌，他费尽最大的努力，不论对任何人总是善意相待。只有波蕾似乎对他有些不满。现在，这对他们来说不免引为不快。无论如何，她实在是他能够寄以全部信赖的唯一女性，而且他们俩经常结伴回家。他时常下决心想对玛格丽特说出要送她回家的话，终归提不起那种勇气。所以，他都是和波蕾一起回家。最初的几次，归途中都没谈过一句话，稍后，波蕾诘问他，说他为什么那么沉默，是因为害怕她吗。

"不是的！"他吃惊之余又结巴起来，"没这回事……莫若说……真的不是……倒是……"

她微带笑容，又问："唱歌的味道怎么样？很有趣吧！"

"嗯！当然——非常的——实际上……"

她摇摇头，压低声音道："你怎么老是在回避我的问话？王格尔德先生！我不能跟你好好地谈谈话吗！"他窘迫无比地凝视她，讷讷地说不出话来。

"我是为你着想才说的！"她继续说道，"你不以为是这样吗？"他猛点头。

"那么，我要问了。你就只会说：'哪里！总之！对不起！'这一类的话吗？"

"不！我会说的。当然——实际上……"

"你看！又来了，又是'当然''实际上'。请你告诉我，你晚上和母亲或伯母闲话家常不是用德语吗？就以那种语法、那种态度跟我们交谈不就得了！就可以说出有条有理的话了——你不会怪我吧！"

"哪里！哪里！当然，我也想那样做，一定——确实地——"

"那好极了！你仍是个很懂事理的人，那么可以谈谈了，我有一点儿话一直想出口。"

于是她就问起来。她说，一向难得听他唱歌，圣歌班队友的年龄也跟他相差一大截，彼此根本谈不拢，他参加圣歌班实在有点儿反常，到底有何企图？接着又问，在那里，大家经常以他为笑柄，难道他没察觉出吗？她的谈话内容，愈是使他哑口无言，他愈发深切体会出她那一番好意的亲切忠告。他一时也不知该冷淡地置之不答，还是该倾心感谢，犹豫难决之余，不知怎么的，竟感到泫然欲泣。这时，已走到她家门口，波蕾让他握着手，重申道："晚安！王格尔德先生！你可不要生我的气呀！改天我们再好好谈谈吧！"

他带着满腹困惑，回到家里。想起她那一番直言不讳的话，实在是叫他万分悲伤，但居然有人那样诚恳，毫不矫饰，完全出于好意来告诉他，这是弥足珍贵，也是很足以自慰的事。

在那以后的归途中，他已经可以用一般德语很自在地跟她交谈，一如和母亲聊天时那样自然，这样一来，勇气和自信也随之俱增。在下一个晚上，他已打算向她表白他的内心话，甚至下决心在必要时也把玛格丽特的名字说出来，然而总是说不出口。因为他知道，即使告诉她，她也不可能对他有所帮助。波蕾也没让他做到那种地步，她突然岔口切断他的告白，说："你想结婚了吧！是吗？这样才不愧是聪明之举！说真的，以你的年龄而言。"

"年龄太大啦！"他感伤地叹道。但她只是微笑着。他以苦闷的心情回到家里。第二晚，他又把话题引到那些事情方面来。波蕾只是答说："你是打算跟谁结婚呢？也应该明确地指出来。不过，以你在圣歌班所扮演的角色，显而易见至少对这方面不会有一点儿帮助。以一个年轻小姐而言，自己的爱人被人家当作笑柄，无论怎么说都是无法容忍的事。"

这几句话使他从心底着恼，同时，因为面临耶稣受难节的兴奋和准备，也潜藏着烦恼的阴影。那一天，王格尔德第一次夹杂在合唱队中出现在练习台上。那天早上，他特别细心地整理好服装，戴上装饰华丽的大礼帽，提前赶到教会。他的席位被指定之后，他曾向那位曾经答应一定会为他的席位问题尽力奔走的同伴，再度提出申诉。实际上那位同伴似乎已把那件事情忘得一干二净，只见他踏在风琴的风箱上，向家人挤眉弄眼。他一边笑着一边搬出一个小箱子，放在王格尔德所站的位置，要他站上去。这样，他不论想看人家，或被人家看，都跟身材最高的男高音同样有利。只是那样站着，很费劲儿，也很危险，他必须能精确地保持身体的平衡；一不小心跌下去就会滚落在站在胸栏旁边的女孩子们间，怕不要折足断腕？他想到这里，汗水就像雨点般吧嗒吧嗒落下来。因为管风琴的前面部分，是呈狭窄的急斜坡，一直向下延伸到会堂的中廊。但也有令他暗暗自喜之处，因为他的位置紧挨玛格丽特美丽光滑柔嫩的后颈，近得几乎令他窒息。歌唱和礼拜节目全部终了时，他似乎感到已筋疲力尽，窗户一开，钟声一响，他深深叹了一口气。

第二天，波蕾指责他说，他特意垫高位置站立，还显得扬扬自得，根本就成了人家的笑柄。他也保证道，将来必不再以身材矮而引为可耻，但在明天的复活节中，为了不伤害那个搬出小箱子的人的心，打算再用最后一次。她也不好一语道破，那个人搬出箱子，很可能就是在故意戏弄他，只是无可奈何地摇摇头，一任他自己的主意去做，对他的愚笨多少有点儿生气，同时对他的处处替人着想，也深为感动。

礼拜天复活节，圣歌合唱队的节目进行，比以前更加严肃。音乐演奏中，王格尔德只顾在台上拼命维持身体的平衡。演唱赞美歌完毕时，他发觉脚心下的脚垫在摇晃，似乎有摇摇欲坠的趋势，他大吃一惊，只好一动不动地站着以防止不致滚落台上，丢人现丑。他屏住呼吸，身体逐渐蜷缩，痛苦不堪，忍不住发出了微微的呻吟声。虽然总算安然无恙，但眼前的一切，指挥者、中廊、合唱席、金发玛格丽特的美丽粉颈等，一一从他的眼帘消失。整个礼堂中，他只看到露出牙齿的屈着脸孔的合唱伙伴，只看到附近席位的一部分男学生，其余发生的事情一概毫无所觉。熟练的复活节赞美歌，越过他低垂的头顶，欢欣鼓舞地飞翔而去。

风琴弹出最后一曲时，与会者纷纷离开教堂，但合唱团员还留在台上，你一言我一语地商量着。因为依往年的例子，复活节第二天都曾举办热闹的圣歌班远足会。王格尔德一开始就对这次远足寄以很大的期望。不仅如此，这次他也敢对玛格丽特问说："你也打算一起去吗？"并且问出这句话时，一点儿不觉得别扭和难为情。

"一定去的呀！"美姑娘平静答道，接着又附加一句，"你刚才不难受吗？"说着，她自己已忍不住噗地笑出来，不待他回答，就径自逃走了。这一幕适巧落在波蕾的眼里，她那充满同情和恳挚的眼神，愈发使王格尔德困惑不已，他在刹那间所燃烧起的勇气，也随之急促地压抑下来。因为他想到，远足的事情已告诉母亲，但如果她不赞成同行的话，那么，远足、圣歌会以及一切的希望都落空了。

复活节的星期一，天朗气清，艳阳高照。两点整，圣歌班的会员几乎全都带着亲人或各色客人，在城东郊的落叶松树林下集合。王格尔德偕同母亲前来。远足前夕，他坦白告诉母亲，他正在追求玛格丽特，但希望很渺茫。如果明午的远足中，母亲能助他一臂之力，也许还有一点儿希望。母亲虽然暗自祝福孩子能够称心如意，但总认为玛格丽特太过年轻，也太美丽，和他很不相称。

说回来，去碰碰看，也是无妨。最紧要的是，为了店务，应该让王格尔德尽早娶妻过门。

林中道路相当险峻，大家都爬得很吃力，已没有余力去唱歌。尽管如此，王格尔德夫人却仍能沉下心来，在中途中先喘一口气，然后告诉孩子在这以后的几个小时中，应该如何如何应付等类的事情，然后又特意去找玛格丽特的母亲迪尔兰夫人聊起话来。迪尔兰夫人虽然爬得气喘吁吁，但还可一边听听她所谈的那些各种快乐有趣的事情，并且也保留必要的元气，以便作非回答不可的答话。王格尔德夫人从今天天气很好开始，谈到教会音乐的可贵，进而称赞迪尔兰夫人身体的健康，以及玛格丽特小姐春装的迷人可爱。因为化妆，在途中耽搁一会儿之后，接着她又娓娓道出她的妯娌的夏布店，这几年间惊人的飞跃扩展。迪尔兰夫人少不了要提到有关王格尔德的事情，并大加赞扬，说当年他在她家见习时，她丈夫已经发觉出王格尔德的风趣和他的经商能力。这几句恭维话，说得王格尔德夫人心花怒放，她感叹地回答说，当然，王格尔德是很肯干的，所以业务才能蒸蒸日上。如今这家规模宏大的布店已经等于是他所有，唯一遗憾的是，他对女性向来很腼腆羞怯。他本身并不是没有结婚的念头，也不是他不够结婚的资格，而是太欠缺信心和积极的勇气。

迪尔兰夫人出言安慰这位忧心忡忡的母亲，说她倒不曾为女儿的终身大事问题考虑过，但她可断言，镇上的任何一个未出阁的小姐，应该都很乐意跟王格尔德结亲。王格尔德夫人犹如舔尝蜂蜜似的回味着这几句话。

这段时间中，玛格丽特和一群年轻伙伴已走到老远老远的前面，王格尔德也加入这最年轻、最活泼的小团体中。他的脚本就生得很短，费了最大劲儿，才勉强跟上队伍。

今天大伙儿对他也显得格外亲切，因为在这一群淘气家伙的心目中，这位对女人老是色眼迷迷又胆小无比的矮个儿，可说是特意带来的玩具。美丽的玛格丽特，也曾主动讨来一份任务，不时装作若无其事地把这位单恋自己的男人拉拢进来谈话，说得他心情激奋，心神荡漾，整个人都晕头转向。

不过，那种戏弄法子为时并不太长。可怜的王格尔德已逐渐发觉大家是拿他当消遣。可他也有好法子应付这种局面，但左思右想，还是打消那种念头，并且还极力装出根本没察觉的样子。大约继续个把小时过后，大家对他的戏弄，愈来愈厉害，指桑骂槐、讽言讽语，令人难堪的打趣，倾笼而出。

王格尔德知道得愈清楚，愈发故意发出大笑声，附和他们。最后，这一伙中有一位身材最高大、为人最粗鲁的药房伙计，对他开了个非常残酷的玩笑，而使这场闹剧落幕。

那时他们正好经过一株高大的橡树旁边。药房伙计说："我跳高起来看看能不能用两只手攀到这棵树最低垂的树枝。"说着他纵身跳了好几次，虽然跳得很高，但还是够不到。围着半圆形看他表演的参观者，开始嘲笑他。于是他灵机一动，想出一条计策，抓出一个人当作被取笑的替身，一方面又可挽回既失的名誉。于是，他突然转身抓住矮子王格尔德的身子，两手高举，逼着他说："攀住那树枝！抓住它！"王格尔德遽遭意外，虽是气愤无比，但人在半空中摇摇晃晃的，生恐稍一不慎就会滚落下来。他心想如果不照做的话，恐怕对方不会放他下来，不得已之下，他只好攀住树枝，抓得紧紧的。挟持他的那位伙计，一看到他已抓住，立刻放开手。王格尔德两脚吧嗒吧嗒地乱踢，引起一群年轻人的哄笑。他一边发出愤怒的叫声，一边艰难地吊住树枝。

"放我下来！"他吼道，"赶快放我下来呀！"声音高亢尖锐。

这一严重打击，使他觉得是永远无法洗脱的耻辱。但药房伙计提议说："先要表演个什么节目，才能放你下来。"如此一来，大家也哄然发出赞成之声。

"想下来的话，若不表演节目可不成啰！"玛格丽特也大声说道。事已至此，他已经没有反对的余地。

"会的！我会照做的！"他嚷道，"好啦！赶快吧！"

于是，刁难的始作俑者，扼要叙述说，王格尔德加入圣歌班已有三个星期，但还没有人听过他的歌喉，现在，一定要让在场的伙伴欣赏一下，否则不放他下来。

话还没说完，王格尔德已带着泣声开始唱起来，因为他觉得全身有如脱力一般。

第一小节还未唱完，他的手臂已支持不住，"哇！"地叫了一声整个身子向下坠落，众人也无大惊失色，他们担心后悔的是：这下子，怕不要摔得断手残脚？但他虽摔得四脚朝天，仍夷然无伤地站起身来，捡起滚落在附近藓苔地上的帽子，端端正正地再戴上，一言不发地折回刚才走来的那条路，走到拐弯的地方，来到路旁的阴凉处坐下休息，好养养精神。

药房伙计心里过意不去，悄悄从背后跟上来，跟到那里，他扳住王格尔德的身子说："请你原谅！"但他没作答。

"真对不起！"他重又致歉说，"我实在不是恶意的，请你多包涵。一起回到大伙儿那边去吧！"

"好了！好了！"王格尔德说着，还使眼色要他走开，对方才无可奈何地离去。等没多久，第二批年龄比较大的这一伙人，以及那两位母亲，也慢步走过来。王格尔德走到母亲身旁。"我要回去了！"他说。

"回去？咦！还未到达目的地嘛！怎么回事呀！"

"没什么！我现在已完全了解，一切都白费了！"

"真的吗？人家当面拒绝了吗？"

"没有！不过我还是不想——"

母亲没让他说出始末，拉着他一起走。

"别傻愣愣地了，一起走吧！事情一定会顺利的。休息时，我会安排让你坐到玛格丽特的身旁，怎么样？振作一点儿呀！"

他摇摇头，神色怅怅，但还是跟着母亲一起走。波蕾本想跟他谈些什么话，但看他一直默默地凝视远方，满脸愤怒不快的神色，只好打消交谈的念头。王格尔德在别人面前，从不曾露出那副脸色。

半小时后，一行人抵达远足的目的地——一座小小的森林村庄。这里的饭馆是以咖啡闻名，附近还有遭骑士掠夺的古城废墟。饭馆的院子里，那些早已到达的青年男女，正兴高采烈旁若无人地游戏着。他们已把从家里带来的桌子挨次摆好，并且搬来椅子和长凳，桌上摊好新台布，然后摆上碗、碟子、热咖啡、饼干、糖果等等。王格尔德夫人果然不食言，把孩子的座位安排在玛格丽特的旁边。但他并没利用近水楼台的有利条件，始终郁郁不乐，神思恍惚地用汤匙搅拌快要冷却的咖啡，尽管母亲频频以眼示意，他始终缄默不语。

喝完第二杯咖啡后，青年这一伙儿的带头者，首先提议大家到古城废墟去散步游玩。一阵吵吵嚷嚷，年轻的男男女女纷纷离席，玛格丽特也准备起身离开。站起时，她把绣着珍珠的美丽手提包，交给一直垂头丧气的王格尔德，说道："王格尔德先生！请你好好替我保管一下，我们要去游戏了。"

他点点头接过手。她竟也知道，他一定会留在老人们这一组，不参加她们的游戏？这对他未尝不是一项残酷的打击，但他已不引为惊讶，他所惊奇的是，最初练习合唱时的那种异样的亲切，小箱子的事件，以及其他的一切，自始至终只有他一个人被蒙在鼓里。

年轻的一群走后，留下的人们仍喝着咖啡继续聊天。王格尔德悄悄离席，越过庭院后侧的田园，向树林方向走去。手里拿着的美丽手提包，映着太阳光，更显金光灿烂。他走到一株树痕犹新的断木前停下，掏出手帕摊在润湿的木头上，坐下后，用两手撑着头，又开始沉湎于悲伤的沉思中。当他的目光再度落在华丽的手提包上时，一阵风吹过，传来伙伴的叫嚷声和欢乐声，他重重地把头垂下，压低声音抽抽噎噎地哭起来。

就那样坐了一个多钟头，眼泪流干，激动的情绪也已平静，却更深切地感到自己遭遇的惨痛和一切努力归于枉然。那时他听到有轻微的脚步声和衣帛的摩擦声挨近来，他霍然跳起，不多时，波蕾已站在身旁。

"怎么孤零零一个人？"她开玩笑似的问道。他没有作声，于是她就仔仔细细端详他的脸庞，神态突转郑重恳挚，满含女性特有的温柔问道："你怎么啦！身体不舒服吗？"

"不是，"王格尔德也无暇去想那一堆恭维话，轻声答道，"没什么！我已了解我不适合在大众场合出现，我也知道我不过是他们的丑角演员。"

"咦！不至于那么严重吧！"

"不，的确如此，我是他们的丑角演员，尤其是小姐们的丑角演员。我实在太笨、太老实了，被人家玩弄也不知道。正如你所说的，我真不该参加圣歌班。"

"可以随时脱离呀！这样不就没事啦！"

"脱离的事，的确可以做。不必等到明天，今天也可以办得到。但那样做，解决不了问题呀！"

"究竟为什么？"

"因为我已成为女孩子们的笑柄。到现在，我才发现任何人对我……"他似乎又快要哭出来。

她柔声问道："任何人对你怎么样？"

他哽哽咽咽地继续道："到现在我才知道每一个女孩子

都不尊重我，都不曾以真心对待我。"

"王格尔德先生！"波蕾缓缓说道，"你错了！这么说来，你也认为我不尊重你，不以真心对待你？"

"嗯！也可以这么说。我深信你还很尊重我，然而，并不是那方面的事情。"

"是吗！那么到底是哪方面的事情？"

"嗳！那种事情很难说出口。我只能说。当我一想起其他人都比我幸福时，我几乎快要发狂。不是吗？我也是一个人。但是，没有人愿意和我——和我结婚。"

沉默好一阵子，波蕾才开始说道："哦——这么说，您以前曾向女孩子求过婚啰？"

"求婚？没有！没有！还用得着再开口吗！以前我就知道谁也不愿跟我结婚的。"

"那么，照您的说法，您是期待着小姐们来到您跟前说：'啊！王格尔德先生！您若能跟我结婚的话。我将感到非常高兴，非常荣幸——'这样吗！这样的话，当然您等得再久也等不到的。"

"噢！我了解了！"王格尔德叹一口气道，"波蕾小姐，我的意思你应该知道的。如果我发现有谁诚心待我，稍微喜欢我的话，那时——"

"那时，你大概是要那个女孩子对你挤眉弄眼，用指头

146

对你做信号？嗳！你——你真是——"

　　说着，转头跑开，她没发出笑声，倒是眼眶蕴满泪珠。王格尔德虽没看到她的泪眼，但总觉得她的声音和她的跑开，似乎有点儿不寻常，便跟着追过来。追上后彼此在默默不语中，猛然紧紧拥抱，接吻。于是订下白首之盟。

　　他鼓起勇气，羞涩地挽着未婚妻的手臂同行，当他们双双回到饭馆的庭院时，众人已准备动身踏上归途，只等着他们两人。两人一出现，大家吵吵嚷嚷的，有的大表惊奇，有的摇头，有的发出祝贺之声，美姑娘玛格丽特走到王格尔德眼前问道："喂！你把我的手提包放到什么地方去啦？"

　　王格尔德愣了半晌，解释完原因后，匆匆折回树林，波蕾也一起跟去。适才他独坐哭泣的地方，掉在枯叶堆中的手提包，正闪着亮光。波蕾说道："我们回来得正好！你的手帕也遗落在那里呢！"

大
旋
风

我十八岁那一年，在我家乡附近一个小工厂里学习，从这一年离开故乡以后就没有再回去了。我那时，虽然每天仿佛鸟儿感觉到空气的存在一样，享受着在我周围的青春，但我并不觉得它的美好。上了年纪的人也许已记不清是哪一年，我们的家乡发生了一次大旋风，像这样大的旋风在我们那儿以前是没有见过的，让人难以忘怀。在暴风来临的前两三天，我的左手被一把钢凿凿伤了，手上破了一个洞，发肿起来，手上绑着绷带，因此不能到工厂做工。

　　我还记得那年的整个夏末，在我们的狭窄山谷中，天气非常炎热，偶尔间歇地夹杂着雷雨交加的天气。自然界充满燠热和不安，关于这种不安我虽然只是迟钝地、无意识地感觉到，是那时节的琐细生活，我仍然能详细地回忆出来。傍晚我去钓鱼时，看见许多鱼儿被炙热的天气刺激得太厉害了，互相杂乱地拥挤着，常常从温暖的水里冲上水面，盲目地吞饵。等到天气凉快些时，它们才安静下来。雷电也比较少，清早时还微微感到一点儿秋意。

　　有一天早晨，我离开家，到外边游玩，口袋里放着一本书和一块面包，我从小就养成了这个习惯。我首先跑到屋后的花园，花园里还遮蔽着阴影，园里巍峨地耸立着许多松树，那是我父亲栽种的，它们像竿子那么细的时候，我就知道了；松树下面堆着淡棕色的松针，那里几年来除了常绿树之外，没有生长其他的植物。在那附近却有一个狭长的小花圃，其中长着许多我母亲栽种的花木，茂盛而好看，我们每个星期日都从那里采集花束。那儿有一种植物，长着朱红的花蕊，名字叫作"热恋"；有一种娇嫩的灌木，在那细弱的花枝上悬挂着许多心形的红、白色的花。人们把这些花叫作"女人的心"；还有一种矮树叫作"孤独者"。附近又有高茎的菊花，可是还没有开放，菊花底下的地面上，蔓延着许多花刺轻弱的仙人掌和珍奇的马齿苋。这个狭长的花坛是我们的宠爱物，我们梦想中的花园，因为那里有各色各样的花儿长在一起，这些花比种在那两个圆花坛里的各种玫瑰，更令我们珍惜和爱好。当太阳照射着这里和对面攀附着常春藤的墙上时，各种花木都显出它们完全特殊的面目和美丽：菖蒲夸耀着鲜艳的颜色；向日葵现出灰白的面容，沉迷在它那浓郁的香气当中；狐尾草萎靡地倾垂下来；鸽鸼翘着足趾，身上的铃子声音响亮地摇动；在金钩花的近旁和翠绿的夹竹桃里面，嗡萦着许多蜜蜂；常春藤上面则爬着棕色的小蜘蛛；紫罗兰的枝头上，飞舞着许多蝴蝶，它们肥厚的身体，透明的翅膀，发出急远而不舒适的唧唧声——这些蝴蝶叫作"夜蝶"或"鸽尾蝶"。

我带着休假日的欢欣，在花丛里走来走去，闻着清香的伞形花，或者用手指小心地掰开蓓蕾，研究它的内部，观察那神秘的、灰白色的底部，脉络和花蕊的排列，轻毛的花丝和水晶体的导管。我又观察早晨多云的天空，空中浮泛着特别混乱的、带状的蒸气和羊毛般的块状云彩。我想，今天又会下一次雷雨。我打算下午去钓鱼，起劲地翻开路旁的几个凝灰石，希望能找到蚯蚓，可是只有一些灰色而干燥，生长在墙里的百足虫，忙乱地爬向各处。

我寻思着应当做什么事情，可是我不能马上想出来。一年以前，在我最后一个暑假时，我还像个小孩子。那时我最喜欢做的事情，就是用榛木的弓来射东西，放风筝，用火药炸田间的老鼠洞，这些事情现在对我已失去魔力，仿佛我精神的一部分已疲惫了，不能反映过去所爱好的，而且能给我快乐的那种情调。

我很惊异，而且感到一种宁静的痛苦。我走到小时候喜欢游玩的地方去瞧瞧。那小小的花园，那饰着花卉的露台，那潮湿阴暗的院落，院落里的石路上长着绿色的青苔，都显现在我的眼前，它们的样子已经和以前不同了，甚至连那些花木也已失去了它们先前的无限魔力。花园的角落里有个旧水桶，桶上还有导水管，仿佛很无聊地站着。以前我曾费了半天的工夫把桶里的水放出来，装上一个木装的磨轮，在路上筑起水堤，开掘运河，并弄成一股巨大的水流，因此给我父亲惹出了许多麻烦。这个坏水桶过去是我最宠爱的和消遣时间的东西，现在再看见它，有一种童年时欢乐的余味从我心里迸发出来，可是也含着一种愁闷的意味，这个水桶再也不是泉水、水流和尼加拉瀑布了。

我沉思着爬过篱笆，一朵蓝色喇叭花掠过了我的面孔，我把它摘下来，衔在口里。我决定散步，到山上去，从山上眺望家乡的城。散步也是相当有趣的娱乐，我以前却没有想到。小孩子是不散步的，他情愿到森林里去装扮强盗，装扮骑士或印第安人；到河旁去装扮船夫、渔夫，或做水车的工人；或者在草地上跑着捉蝴蝶或蜥蜴。所以在我看来，我的散步，好像一个成年人，不甚知道他应当做些什么事情时所做的散步，显得一本正经而又有些无聊。

蓝色的喇叭花不久就枯萎了，被我扔掉。我咬着一枝折来的树枝，它的味道很苦可是也有些香味。在那长着高高的金雀花的铁路堤上，有一只青色的蜥蜴在我脚跟前爬过去，我的小孩脾气又发作了，就跑着，偷偷地爬着，守候着，终于把这个胆小的动物捉在手里。瞧着它那白宝石般的小眼睛，我带着刚才捕捉小虫的余兴，感觉出这个柔软而有力的身体，和那坚硬的腿儿在我手指中挣扎着，抵抗着。但不久这趣味又消失了，我完全不知道我要把这动物捉来做什么。它已经没有什么用处，也没有什么趣味了。

我俯下身，把手打开，蜥蜴的腰部强烈地跳动着，在地上静止了一会儿，然后很快地在草丛中消失了。一列火车从发亮的铁轨上驶过来，驶过我身边，我一直看着它，随即很明显地感到，这里再寻不出令我真正快乐的事情了，我渴望着能搭这火车离开此地，到世界各地旅行。

我向四周观望，看看附近有没有火车驶来，我没有看到什么，也没有听到什么。于是，我跳过路轨，爬上那边红色高耸的沙石岩，岩上到处还能看到建筑铁道时炸的焦黑的洞，这种向上攀缘的技能我是很熟练的，我紧紧地抓着那坚韧的开过花的金雀花枝。在这个红色岩石上面，流淌着一种干燥的太阳热，当我攀登时，灼热的沙子灌入我的袖子里，我抬头向上看，那温暖光亮的青天，紧紧地贴在峻峭岩崖之上。我突然向上爬，依靠岩石的边缘，把膝头向上伸，紧抓着一条细小的刺桐树干，爬到一块幽静的向上隆起的草地。

这块幽静的小荒地，是我以前喜欢玩的地方，火车为了缩短路程便从它下面驶过去。除了那柔韧而荒芜的，人们割不到的野草之外，这里还长着小小的花刺尖细的玫瑰树和几株萧条可怜的小刺桐树，阳光从透明的薄叶射过来。这个"草岛"从上到下被一面红岩与外面隔绝，我曾经装扮鲁滨孙在这上面居住过。这个僻静的地方并不属于什么人，凡是有勇气和冒险精神来攀缘这危崖的人，都能得到它。我十二岁时，曾在这里用凿子把我的名字刻在石块上，读过一本《泰伦堡的玫瑰》，创作了一本儿童戏剧，这戏剧是描写一个勇敢的印第安族酋长的故事。

被晒焦了的野草像一串串苍白的丝束挂在陡峭的山坡上，烧灼了的金雀花叶子在没有风的热空气中，发出强烈的苦味。我躺在干枯的地面上，看那些细小的刺桐树叶在蔚蓝的天空中休息着，它们非常精巧地排列着，太阳鲜艳地从叶缝中透射过来。我寻思着，觉得这时是计划我的生活和我的前途的最好时机。可是我仍然想不出什么新的计划，只看到显明的贫困胁迫着我，只感觉到那体验过的快乐和爱好过的思想现在已经暗淡无光了。我的职业对于我不愿意丢弃而又必须丢弃的东西、对于失去的童年欢乐来说，并没有什么补偿，我不大喜欢我的职业，我已经不再忠实于我的职业了。在我看来，除了作为一条道路引我到世界上之外，这职业并没有其他的用处；无疑地，在这世界上总有个地方能够找到让我满足的新事情。这种满足是属于哪一种呢？

人们能游览世界，挣得金钱；要做什么事情或尝试什么事情，也用不着询问父母；在星期日，人们还可以打弹球，喝啤酒。但像这些事情，我看得十分清楚，它只是附属的东西，决不是我所期侍的那种新生活。我所期望的是一种更美好、更深刻、更神秘的生活。我觉得它和姑娘、和爱情是有连带关系的。这里面蕴藏着一种深刻的快乐和满足，否则牺牲了小孩子时代的欢乐便没有意义了。

关于恋爱，我知道得不少：我曾经看过许多爱侣，读过许多令人陶醉的恋爱文学。就是我自己心里也曾爱过许多人，在梦中幻想一些甜蜜的事情。一个男子愿意为了这种甜蜜的事情而牺牲他的生命，这种甜蜜就是他的事业和奋斗的意义。我有许多同学，他们已经有姑娘伴着出门了。工厂里我也有许多同事，他们毫不畏缩地叙述星期日跳舞的事情，以及夜间偷爬闺房的韵事。可是那时爱情对于我还是一所关着门的花园，在花园的门前，我畏怯而羡慕地守候着。

就在上星期，我的手被凿子穿伤以前，恋爱才第一次明显地呼唤我；从那时起，我沉溺于仿佛将要离乡的人的那种不安的情绪之中，过去的生活于我已成往事，我开始憧憬着自己的前途。有一天晚上，一个学徒把我拉去散步，在回家的路上他告诉我，有一个美丽可爱的姑娘，她还没有爱人，她除我之外一个人也不爱，她织了一个丝袋，要送给我。他不愿意说出她的名字，他说我自己能够猜出来。我逼迫他，表示出轻忽的态度时，他便站着——我们那时恰好走到架在水上的水车小桥——低声说："她正在我们后面走着呢！"我惶惑地转过头来，心里半惊半喜，还以为他在开我玩笑。果然在我们后边出现了一个纱厂做工的姑娘，正踏上小桥的台阶，她是贝达·芙格德琳，我确信礼拜那次的布道会上就认得她了。她站着，向我凝视微笑着，慢慢地泛起红晕，终于整个脸儿都发烧了。我却迅速地跑回家去。

以后，她遇见我两次，一次在纱厂里，我们正在工作；另一次是晚上，在回家的路上，她只说句问候的话，接着说："您已经下工了吗？"这是表示她愿意同我谈话。可是，我只点点头，答应她说"是的"，就惶恐地走开了。

现在我就在思索这个事情，可是我的思想还是散乱无绪的。我本来很迫切地梦想着能爱上一个秀美的姑娘。现在却有一个，长得很漂亮，头发是金黄色的，比我略微大些，她愿意接受我的亲吻，躺在我的怀里，她长得又高又健美，她的面孔又白又嫩而又雅丽可亲，她的脖子上，颤动着诱人的卷发，她的眼光充满着希望与爱情。可是我从来没有思念她，也不爱她，在梦里也没有追求她，从来不曾在枕边低声唤着她的名字。只要我愿意，我可以抚摸她，可以占有她，可是我不能敬爱她，跪在她跟前祈求。由此将要发生什么事情呢？我应当怎样办呢？

我从草地上站起来，心里真是难过。啊，这烦闷的日子！我祈求上帝让我从明天起就结束我的工厂生活，远远地离开这里，开始新的生活，忘记这一切。

我要找点儿事情来做，只为了要感觉到我是生活着的，不管从这里爬上去是如何困难，还是决定爬到山顶去。高高地君临着这个小城，能看到遥远的地方。我冲锋似的爬上那山坡，一直爬到上边的岩石，又在石块当中攀缘着，直到那块高地，荒芜不毛的山峰就在丛莽和崎岖不平的岩石当中。爬到这里我全身流汗，呼吸紧促，在这阳光照耀的高地上，吹着微微的风，觉得十分舒适。将要凋谢的玫瑰花松散地挂在蔓藤上；当我身体碰到它时，枯萎而褪色的花瓣便散落下来。满地长着小小绿色的覆盆子，在太阳照到的一边，闪烁着一种微弱的黄褐色光泽。花蝶悠闲地在幽静的热空气中飞舞着，在空中闪耀着绚烂的光彩。在一朵蓝色的、芳香的洋菊花上，栖息着无数的甲虫，身上带着红色和黑色的斑点，那是一种沉默的集会，它们机械地移动着瘦削的长腿。天空的浮云老早就消失了，现出一片纯蓝，附近山上黑黝黝的松梢显然把这片纯蓝割断了。

小学时，我时常在最高的岩石上放野火，我现在就站在那里，向四周观望。在那半遮着阴影的山谷深处，我看见河流闪着粼粼的水波，带着白沫的水车堤也在发光。山谷深处还躺卧着我们的旧城，城中有许多棕色的屋顶，烧午饭的蓝色炊烟，迟缓地从屋顶腾空而去。那里有我父亲的房子和旧桥，我的工厂也在那里，我还可看到熔炉的火，微小而发红地闪耀着。再沿着河流下去就是纱厂，纱厂的平顶上长着野草，工厂里面，贝达·芙格德琳和许多工人在一起工作。啊！她！我不管她的事情啦！

故乡的城里有许多花园，游戏场和十字街头，它们仿佛有一种旧友谊，很熟悉地向上对着我看。教堂钟塔的金字在阳光下闪耀着，在罩着阴影的水车的水路里，反映着房子和树木的阴影。只有我自己完全改变了，在我的面前好像张着一幅幽灵般的纱幕，隔开我和这景致。在这环绕着围墙、河流和树林的小城市里，我的生命再也不能安稳而满意地被关闭着；我虽然和这个地方还系着一条坚韧的线索，可是再也不能在这里生长起来，再也不能被羁留在这里了，我热烈地希望冲出这个狭窄的范围走到遥远的地方去。当我带着一阵特异的悲哀向下看时，我一切秘密的希望，我父亲的话语，我所崇拜的诗人的话语，以及我心底的盟誓都一起在我心中涌现；我觉得去做一个男子汉，积极地去操纵自己的命运，是一件正经而有价值的事情。这个思绪立刻像一道光线射透了那为了贝达·芙格德琳的事情而笼罩在我周遭的疑云。不管她如何美丽，她如何爱我，可是叫一个姑娘奉献出这样现成的、不劳而获的幸福给我，究竟不是我所希望的事情。

快到中午，爬山的快乐已经消失。我沉思着从那小径下来走回城里。我穿过那条小桥，以前每到夏天，我都在那繁盛的荨麻当中，捕捉孔雀蝶的黑色毛虫。我又从公共墓地旁边走过，门前有一株蒙着青苔的胡桃树，树下有一处阴影。大门开着，我听见从那里边传来潺潺的泉声。附近有一个供人们游玩的地方和集会所，在五月节和塞当纪念日时，人们总在那里吃喝或跳舞。现在这里很恬静，已经被人遗忘了，有一株古老而雄伟的栗树的阴影投射在场上，红色的沙土上散播着鲜明的阳光斑点。

山谷底下，太阳照着的沿河的大路上，流布着一种无情的中午热气。靠河一边，长着几株榛树和枫树，叶子很稀薄，而且现出夏末的黄色。照着习惯，我总是在河边走一走，看看河里的游鱼，在那玻璃般明亮的河水当中，那浓密的、多毛的水草波形地蠕动着；水草黄暗的地方，许多我很熟悉的洞穴里，孤独、倦怠而到处躲藏着的肥厚的鱼儿，鱼口都朝着水流，小鱼时常成群地冲上水面来。今天我本来不想钓鱼的，可是这空气、河水，以及两块大圆石当中有一条黝黑的大鲤鱼在清澄的水里休息着，明显地告诉我今天下午可以钓到几条大鱼。我想到这一点，便向前走去。当我从那灼热的

161

街道上走进我家大门，又走到像地窖那么凉爽的走廊时，深深地呼吸了一会儿。

"今天又有雷雨。"父亲坐在桌旁说，他有一种敏锐的天气预感。我反驳他说，今天一点儿云彩也没有，一点儿西风的气息也没有。可是他微笑着说："你不感觉到空气那么闷热吗？我们等着瞧吧！"

天气确是十分闷热，水沟里的污水非常臭，像南风初起时。我因为爬得太累，吸入了更多热气，感觉很疲劳，于是在屋门外脸向着花园坐着。我带着睡意，而且断断续续地读一本哥登将军、赫尔登英雄的历史，这时我愈觉得雷雨将届。天空中虽呈现着纯蓝的颜色，空气却沉闷得仿佛遮掩了太阳似的，更加让人难受，可是太阳仍然在天空高处。下午两点钟，我便回到屋里，准备去钓鱼。当我找寻鱼线和鱼钩时，我有一种对于钓鱼的兴奋感觉，很愉快地觉得我还能保留着这种娱乐。

那天下午异常的闷热和寂静，我现在还忘不了。我提着鱼罐顺着河流走到下游的小桥，这小桥已经被高屋的阴影遮住了一半。在纱厂附近，能听到单调而叫人倦睡的机器声，好像蜜蜂在飞舞，每一分钟里又从上边的水车场传来一阵刺耳的圆锯声。除此之外，一切都是死一般的沉寂，工人们已经回到工作场去了，路上一个行人也没有。水车场的岛上有一个小孩子赤裸裸地在那潮湿的石块当中爬来爬去。制车匠的工作场前面有许多木材靠在墙上，日光灼射着，发出强烈的气味，这干燥的气味直传到我身上来。

鱼儿也觉察到这种异常的气候，发着脾气。头一刻钟里，几尾石斑鱼就游来吃饵，一条沉重而肥硕的鱼，腹部有美丽的红鳍，当我快要把它抓在手里时，它竟扯断了我的钩绳。不久之后，这些鱼儿就表现得非常不安。石斑鱼都深深地钻入泥堆里去，再也不理我的钓饵了。在上游有几群小鱼，顺着河流游下来，好像在逃避什么灾难似的，这一切显示出另一种天气快要到来，可是天空仍然非常宁静，一点儿也不见混浊。

我以为一定是哪里的污水把鱼儿赶下来了。但我还不想停止钓鱼，便想到别的地方去钓，于是走到纱厂前边的运河。我刚刚在木屋旁边找到地方，把我的钓竿等物打开，就看到贝达从楼梯窗户探出头来，向我招手。我装着没有看到的样子，把头低向竿子那边。

那围着堤岸的运河里，黑油油的河水流动着，我的形影反映在颤抖着的水波上，我坐着，把头放在两脚的当中。那个姑娘还站在上边，叫起我的名字来，可是我仍然一动也不动地凝视着水面，并没有把头掉过去。

鱼儿急忙地游来游去，仿佛有什么紧急的事情。逼人的暑热使我疲乏，今天没有什么希望了。身后的纱厂大房子里面，嗡嗡地响着机器声音，运河里的波浪低声地冲击着那蒙着青苔的、潮湿的堤岸。我没精打采地带着睡意，却仍然坐着。我因为太疲乏了，懒得把钓绳打开。

大概过了半个钟头，在这个朦胧的薄暮里，我突然觉得有一种不安和忧虑的感觉。一阵强猛的风仿佛受压迫似的，很不舒适地打着旋。空气是混浊的，而且很臭，几只燕子怯生生地紧挨着水面飞去。我觉得头晕，心想大概是中了暑，水面好像发出一种强烈的气味，让我的肚里也有了难过的感觉，一直延入脑袋里去，浑身的汗水迸发出来。我把钓绳打开，使绳上的水点滴到手上，凉快了一下，然后把东西收拾起来。

我站起身来，看见纱厂前面广场上的灰尘打着滚，如汇成了许多小小的云块，又突然腾空而去，合成了一堆大的云块。鸟儿在激动的空气中好像受了打击似的挣扎着，不久之后我又看见空中变成白皑皑的一片，仿佛下了一阵大雪。风也变得特别的寒冷，仿佛一个仇人向我扑来，把钓绳从水里刮起来，把我的帽子也刮落了，刮得我的脸孔好像被拳头打着一样。

这白色的暴风，刚才还像一阵白雪停在远远的屋顶上，现在蓦地环绕在我的周遭，刺入肌肤，它把运河的水浪激得很高，好像痴速转动着的水车冲击水面时所激起的泪花一样。钓绳已飞到九霄云外去了，我的周围变成一片白色荒地，阴风呼呼，像要灭绝人似的狂吼着。我的头和手受到袭击，灰土在我的四周飞扬，沙砾和木块在空中飞旋。

这一切令我莫名其妙，我只觉得有一种可怕的事情会发生。我一纵就奔进木屋里去，在这稀奇可怕的现象中我完全是盲目的。我紧紧地握着一条铁柱，在好几秒钟内，我头昏目眩地、非常恐怖地呆立着，不久才恢复了知觉。像这样的暴风，我从未见过，也不相信会有，现在它却像魔鬼似的掠过去，在天空高处发出一种令人发抖的声音，在屋顶上和门口的地面上落了白皑皑一大堆冰雹，巨大的冰块直滚到我身边来。冰雹和暴风的骚乱声，非常可怕，河水被冲击得起了白沫，在堤边起落着。

一分钟内，木板、屋瓦、树枝等一切都被风刮走了；坠下来的石块和三合土块，立刻就被落下来的冰雹盖住了；我听见像铁击打的声音、瓦片坠落的声音以及玻璃被震破的声音。

从工厂跑出一个人，穿过堆积着冰雹的空地，身上的衣服迎着暴风飘动着。这人在暴风中侧着身子，形影逐渐移近了，在这可怕而混乱的激流当中，向我跑来。她走进木屋里来，跑到我的身边。一张熟悉而又陌生的脸孔，一对可爱的大眼睛滴溜溜地转着，伴着一种痛苦的微笑，逼近我的眼前，一副甜美而温热的嘴唇抵住了我的嘴唇，疯狂而贪婪地和我接了一个长吻。她两手抱着我的脖子，棕色而潮湿的头发，散在我的面颊上，当四周冰雹的狂潮正在震撼这个世界时，一阵无声而使人寒栗的爱潮却更深刻更可怕地向我袭来。

我们坐在一堆木板上面，没有说一句话，紧紧地拥抱着；我情不自禁腼腆地抚摸着贝达的头发，把我的双唇紧压在她那柔嫩丰满的嘴上，她身上的温热甜蜜而又痛苦地笼罩着我的周围。我闭起眼睛，她把我的头压在她那怦怦跳动的胸和膝盖之间，用她的手在我的脸孔和头发上轻轻地、轻轻地爱抚着。

有件东西掉下地来，让我从浑浑噩噩中惊醒，我睁开眼睛，她那诚恳而活泼的脸庞带着一种凄然的艳丽，正对着我，她的眼睛怅然若失地凝视着我。从她的白皙的额头上，从散乱的头发里，流出一条红血，流过整个脸庞来，直到脖子下边。

"什么事？发生了什么事情呀？"我非常恐慌地喊着。

她盯着我的眼睛看，微微地笑着。"我相信世界要毁灭了！"她低声说，那轰轰的风声把她的话语吞噬了。

"你流血了！"我说。

"这是被冰雹打破了的。不要理它，你害怕吗？"

"我不害怕，你害怕吗？"

"我一点儿都不怕。啊！现在全镇恐怕都要倒塌了。对了！你真的一点儿都不爱我吗？"

我沉默着，惶恐地望着她那明亮的眼睛，那眼睛里满含着伤感的爱情；当她的眼睛向着我的眼睛低下来，她的热唇沉重而贪婪地触到我的嘴唇时，我目不转睛地看着她那诚挚的脸庞——她眼睛左边有一道鲜红的血在洁白艳丽的皮肤上流着。我在一种昏醉状态当中仍然挣扎着，用一种绝望的努力来抗拒着，让我的心不至于在这爱潮当中不由自主地就被人夺去了。我站立起来，她在我的目光当中看出我对她有一种同情心。

于是，她把身体向后挪开，生气地盯着我；因为我用一种怜惜和关心的态度，把手伸给她，她就两手握着我的手，把脸蒙在我的手里，跪了下去，开始啜泣起来。温暖的泪水滴到我颤抖的手中。我为难地低下头看她，她的头在我的手里呜咽着，她的脖子上闪动着柔美的细发。我激动地想着：如果这是另一个真正我所爱的姑娘，我愿意把我的灵魂献给她，那我该会多么愿意用我的手指来摸弄这可爱的细发，吻这白皙的脖子啊！可是我的血液仍然是平静的，并且我很惭愧难过，看见这个姑娘跪在我的跟前，因为我并不爱她，我也不愿把我的青春和我的前途为她牺牲。

这一切，让我好像着了魔似的，我现在还明显地记着其中的各种细小的兴奋动作，好像这事是经过一段颇长的时间似的，可是实际上仅只经过几分钟而已。后来，突然有一道光线射进来，天空里显出蔚蓝的颜色，带着潮气，这景象非常纯洁，仿佛要补救刚才的罪过一般；突然间好像被快刀切断似的，风潮的呼号完全停息了，一种令人惊异的、不可思议的沉静，笼罩在我们的周围。

我好像在幻梦中从木屋里走出来，走到重现光明的白昼底下，我惊异我还活着。荒凉的中庭现出凄惨的面目，土地也翻开了，仿佛被马蹄踏乱一样，到处都堆着庞大的冰雹堆，我的钓竿不见了，鱼罐也找不着了。工厂里充满着喧嚣的人声，通过无数被打破了的窗户，我看见骚乱的房间里面，人们从各个房间拥挤出来。地面上满堆着玻璃片和打破了的瓦片，一个长长的金属水管被风刮破了，弯弯斜斜地挂在房子的半墙上。

刚才发生的事情，我现在就忘记了，只觉得有一种极度的不安和好奇心，想看看刚才究竟发生了什么事情，看看这次暴风酿出多少祸来。一眼望去，工厂的窗户和砖瓦仿佛非常凄凉悚目，可是仔细一看，这一切并不是那么可怕，不像那大旋风给我的印象那么恐怖。我胸中松散地，甚至半带失望而觉醒似的呼吸着。那些房子和先前一模一样地竖立着，山谷两旁的丘陵也依然如旧。不，世界还没有毁灭啊！

我离开了工厂的空地，渡过桥走到第一条街道时，这个天灾显出更凄惨的面目：街道上积满了玻璃片和残破的窗板，烟囱掉下来，屋顶上许多瓦块也给打碎了，人们呆呆地站立在屋门前，惊愕着，悲叹着，这一切好像在图画上我看到的被围攻征服的城的情景一样；碎石和树枝堵满了街道，窗户上还残留着许多木屑和玻璃片，花园篱笆倒在地面上，或靠在墙上沙沙地作响；小孩子走失了，人们寻找着。在田里的人们一定会被冰雹打死。人们到处看到许多冰雹，像银圆那么大，或者更大些。

我还是非常兴奋，所以不想回家去，看看自己家里和花园遭受什么损失；并且我也没有想到家人会因找不着我而发急，因为我是平安无事的。于是我决定在这乱砾颓垣中徘徊，到旷野去走一趟。我所喜爱的地方，就是那个墓地附近的典礼场，我童年时，凡有大的节会，我总是站在这典礼场的阴暗地方参加庆祝。我很惊异，我记得由岸上走回家时经过那里，距今还不过四五个钟头光景，但是现在我觉得仿佛已经过去很长久时间似的。

我回到那条小街道上来，走过下面的桥；在半路上，我从花园空隙看过去，看见那座沙石建筑的红色教堂塔，仍是泰然自若地兀立着，那个操场也只受到了一点点风雨损害。

由那儿再过去一点儿，一间酒店凄凉地竖立着，它的屋顶我从远处就能认出来。这房子和先前一样地在那儿，可是样子完全不同了，我不晓得是什么缘故。我用心回想了一下，想起来，在这酒店前面以前有两株高耸的白杨树，现在却不见了。那种古雅可亲的外观已消失，那可爱的地方已不完美了。

于是我产生了一种不好的预想，大概还有更多更可贵的东西消灭了。一刹那间我有了一种难受的新感觉，觉得我的家乡很可爱，觉得我的心和我的幸福都联系于这些屋顶、钟塔、桥梁和街道，联系于这些树木、花园和森林！一种新的兴奋和不安，使我加快地跑着，一直跑到典礼场那儿去。

一到那里，我便静静地站着，瞧着这个我最喜欢的，留给我许多回忆的地方，已经沦于满目疮痍的毁坏之中。那些古老的栗树，我们庆祝纪念节日时，我曾在它们的阴影底下躲避太阳，那时我们三四个小学生携起手来，才勉强能抱着它们的树干，现在已经打断了，破裂了，躺在地上，连根也被风拔起来，扭转过来，以至有屋子那么宽的大洞留在地面上。没有一件东西留在它的原位，这是一片令人战栗的战场，就是那些菩提树和枫树也已交叉着躺在地上。这广大的场所现在却堆满了树枝，破裂的树干、树根和土块，虽然还有巨大的树干竖立在地上，可是已看不见一棵完整的树，它已被风吹折了，扭倒了，堆着许多白色的木片。

广场和街道上乱七八糟地堆着许多树干和树枝，再也无法行走了。我从童年以来，在这地方看到的是参天的古木、深浓的树阴和神殿的所在地，如今却看见空漠漠的青天注视着这凄凉景象。

我觉得自己的一切秘密根基也被拔去了，被抛弃在这无情的白日底下。好几天，我在周围走来走去，找不着森林的道路，找不着胡桃树可亲的阴影，找不着我儿童时代攀缘的橡树，到处只有瓦砾、破洞和被摧残了的森林斜坡，像被割了的草地一样，树身连根拔起来，悲惨地躺在阳光底下。我和我的童年时代之间裂开了一道裂缝，我的故乡已不是过去的故乡。过去的甜美和愚蠢的事情，已离我而去。为了独自闯天下，为了战胜人生，不久以后，我也就离开这个城。有时想想，从那时起，我已略微接触到人生的缩影。

后记

　　漂泊——怀念——孤独，是黑塞作品一连贯的题材。在漂泊中，怀念起故乡和童年、少年时的岁月，这里虽充满青春的甜蜜梦想以及形形色色的憧憬，但人生的悲哀和痛苦也已幻化为各种形式窥伺于身心内外；在怀念中，兴起人生的虚幻无常和深深的孤独感。他不断地探究人生的意义和生存的方法，他一再在作品中强调"人生就是生存"，尤其须注重"精神的安定"。

　　他的主题应是属于严肃一面的，但黑塞以他独特的笔触写来，只是让读者深深沉浸于他那感伤而超俗的气氛中，丝毫不觉出他的严肃和说教。因为他能把人类真正的感情率直地描写出来。黑塞的魅力在此，他的作品仍能为许多当代人所喜爱的原因也在于此。

更可珍视的是这些都是他的生活体验，是他历尽心灵彷徨、历尽人世沧桑的血泪结晶。黑塞也许无意板着脸孔唱高调，只是以他切身的经验，使他不能不告诉世人些什么。

其实，若以世俗的眼光或标准来衡量，黑塞一生中有许多外在行为，大悖于社会常轨。童年时期的他，也许就正如他在《忆童年》所描述的："孩提时，我实在顽皮骄纵得厉害，从我幼时起，父亲不知为我耗了多少劳苦，母亲不知为我付出多少忧愁和叹息！"十四岁时，黑塞考进了很难获录取的莫尔布龙神学院，因忍受不住"内心的风暴"，因不耐呆板枯燥的学校教育，半年后，便擅自放弃学业，逃离学校。十五岁小小的年纪，竟闹自杀，十六岁进入高等学校就读，虽然学业成绩优异，但已学会抽烟，并且经常夜晚出游，致被师长厌恶，一年后便遭退学处分。嗣后，他就不曾再受正规的学校教育。他当了三天书店店员，又逃回家里；做过工厂学徒，也干过磨塔钟齿轮的工人……以他的行为，称之为"问题少年"并不为过。《在轮下》就是黑塞这段时期身心状态的现身说法，他在这里提供了一项很值得重视的教育问题：教育，最重要的是对受教育者身心状况的理解，尤其对聪慧而早熟的孩子，更是急切而不容稍有疏忽的课题。

对于一个性格内向的人而言，他内在的活动应比外表的行为，来得确切。我们若要对黑塞作更深一层的了解，只有从他的作品着手。

　　黑塞出生于有"诗人之乡"之称的南德士瓦本地方的小镇卡尔夫，他的祖父原居于北德，曾任医师及官员，在当地颇富名望。黑塞的父亲自十八岁丧父后，开始从事传教工作，曾远赴印度传教达三年之久，因长年在酷暑地区来往奔波，影响健康，不得已才返回故乡。1873 年由教会的指示前往卡尔夫，协助赫尔曼·肯德尔特从事出版工作，因而认识他孀居的女儿玛丽，两人志同道合，遂在 1874 年举行婚礼。玛丽家的先世都是虔诚的基督徒，她的父亲肯德尔特出身莫尔布龙神学校（即后来黑塞所曾就读的神学校），并在大学专攻神学，毕业后投身英国人所经营的传道事业，赴印度传教多年。玛丽即是在印度出生，她幼年时曾一度被遣回卡尔夫接受新教的宗教教育，十五岁时再赴双亲的任所，不久，因父亲罹病，举家迁回德国，在卡尔夫帮忙父亲的出版工作。后来，她与英籍德裔传教士伽路若·艾森巴古结婚，婚后，夫妇二人再度起程赴印传教，不数年，因艾森巴古染上瘟疫，只好携着病夫弱子回到卡尔夫，未几，丈夫病逝，留下两个儿子（各为三岁和一岁）。当时玛丽年二十八岁。从此，她一边充任父亲的助手，一边抚养遗孤。后来，约翰涅斯来到此地，由于一起工作，并且两人都有在印度传教的经

174

验，彼此谈得很投机，终由相爱而结合。再婚时的玛丽，当时是三十二岁，新郎约翰涅斯二十七岁。

婚后第二年（1875年）长女亚德蕾诞生，1877年生下黑塞，其下还有两个儿子，均不幸早夭，再次是妹妹玛拉和弟弟汉斯。

黑塞的父亲，个性沉默，抑郁寡欢，似乎是个严肃得不太容易亲近的人；反之，他母亲既有丰富的人生阅历，同时也有浓烈的艺术家素质，喜爱音乐，善于说故事，在黑塞幼时，常说一些神奇有趣的故事给他听。但黑塞对他们，一样的敬爱，在后来他的回忆文章中，不管对父亲还是母亲，他只有感谢和怀念。

婚后的约翰涅斯夫妇，大都是在瑞士巴瑞尔的传道馆任职，直到黑塞十岁时才迁回家乡。所以，故乡美丽的风土，成为黑塞取之不尽用之不竭的写作泉源；所以，黑塞早年的心灵中即孕育着世界和平的思想。他毕生崇尚和平，反对战争，憎恶侵略者，当第一次世界大战爆发时，他正旅居瑞士，曾写了好几篇反战的文章，如《朋友们！不要骚动》《向国防部部长进言》《战争与和平》《如果战争再延长两年的话》等文，同时毫不客气地抨击那些盲目的爱国主义者，与法国高举反战旗帜的罗曼·罗兰遥遥呼应，两人并因此而结下深挚的友谊。这两位杰出的文豪，都曾一时很不获国内同胞的谅解，认为他们不爱国。其实，他们的爱心是超越国界的，是真正的人道主义者，这点，总算在第二次世界大战结束后，才让德国国民体悟到他所持态度的正确。总之，随即荣膺诺贝尔文学奖（1946 年），为德国带来的荣誉，更赢得了全体国民的尊崇。

黑塞在十四岁时，考进莫尔布龙神学校。据后来他在《我的小传》（1925 年）中表示，那时，每当听到"你们应该如何如何"的字眼时，就觉得浑身不自在。这点，正和尼采本来出身宗教家庭，后来却成为反基督教者相似，为此，他很崇拜尼采。

接着，他所表现的就是逃学、自杀未遂、逃工、被退学等等一连串被人认为"完全不可救药"的行为。到底他的兴趣或志向在哪里呢？他在《我的小传》中曾写道："从十三岁以后，我就立志要成个诗人，否则，其他什么事情也不想做。但我曾想过很多的难题——教师、牧师、医师、工匠、音乐家、画家、建筑家等，从事任何职业，都有路可走，有它的准备条件，有教授初学者的学校，唯独要做诗人却没有可资遵循的道路。但世上确有诗人的存在，并且那是很光荣的事情，然而他们却以抱憾而死的居多。所以，我知道自己很可能成不了诗人，凭我，竟想当诗人，实属可笑可耻的事。"

黑塞生性既不愿受人帮助，也不愿受人限制，事事依赖自己。写作，正是最适合他的工作。十八岁时，他在图宾根的书店任店员，因工作关系，经常出入图宾根大学，结交若干爱好文学的朋友，从此确立献身文学的志向，开始大量阅读文学书籍并执笔创作。

二十二岁时，他自费出版处女诗集《浪漫之歌》，但毫无反应；同年出版散文集《午夜后的一小时》，虽获里尔克等的赞赏，销路却奇差。他仍不气馁灰心，不断地磨炼自己的文笔，并两度赴意大利旅行，同时因为健康关系，也让他的性格更趋内向。直到出版《乡愁》（1904 年）才脱颖而出，一跃而成名作家。

这一年，他和比他大九岁的玛丽亚·佩诺利结婚，定居莱茵河畔的小村，闭门写作，写下了《在轮下》《生命之歌》及若干中、短篇。黑塞似乎生具流浪汉的性格，佩诺利则成天爱弹钢琴，他们间的婚姻生活并不太和谐，遂有 1911 年的东南亚之行。对黑塞来说，固然一则是为了来瞻仰他所向往已久的东方古文明，同时也是在逃避那种不谐调的生活气氛。然而，完全殖民地化的东南亚诸地，与他心目中的文化古国已大异其趣，他失望得连印度本土都没踏进，只到斯里兰卡、新加坡等地绕了一匝，便赶回国。回国后，移居瑞士首都伯尔尼。1914 年出版的《艺术家的命运》以画家为主角，描写他们婚姻生活的破裂，这正是他自己的写照。后来，他与玛丽亚·佩诺利分开而居，直至1923年才正式离婚。翌年，与女作家露蒂·布恩卡结合，这次的婚姻只维持三年又告破裂。五十四岁时（1930年），他与专攻美术史的妮侬·杜鲁宾结秦晋之好，才算"白首偕老"。

第一次世界大战爆发后，他因发表反战的文章，而被指责为叛国者。但他心中坦荡，仍自动携带大批书籍，慰问德军战俘，所可告慰的是，因此而得与罗曼·罗兰缔结深交。由于战争所带来的切身体验，加上父亲病殁，三儿子马丁病重，妻玛丽亚·佩诺利精神病恶化等一连串的严重打击（1928年），致使黑塞的身心均感不胜负荷，他的作品也一改前期的那种富于柔和的旋律，转而描述心灵分裂的苦恼（如《德米安》《荒原狼》），以及寻求佛教解脱的秘密（如《悉达多》）。

1931年以后，他与妮侬夫人在瑞士南部的村庄过着安定而清静的写作生活。但外界的政治波纹已逐渐扩大，1933年希特勒政权成立，法西斯也渐强化。黑塞对这种现代文化的根本，怀着深深的疑惑，于是执笔长篇巨著《玻璃球游戏》，这是一本批判现代文明的小说，费时十年才脱稿（1943年）。在战争期间，他还不遗余力地协助从纳粹德国逃出的流亡者。1946年，花开并蒂，同时荣膺歌德奖和诺贝尔文学奖。战后，他虽不再写小说，但仍勤于写诗、小品和回复读者的信。1962年8月2日，这位终生贯彻精神主义的作家，终以八十五岁高龄静静地与世长辞。

黑塞的短篇小说仍保持他一贯的独特风格，意境隽永，令人回味无穷。本书选译五篇他的前期作品:《美丽的青春》是勾画一个青年冀图开拓命运而又怀念家乡、憧憬浪漫自由而又希求安定归宿的故事;《秋之旅》(1907年)描写一个在流浪和怀念之间徘徊的心灵，重游旧地的感怀，有人生虚幻无常的感叹，也充满孤独的深沉哀伤;《忆童年》(1907年)刻画一个脑海充满"天使""奇迹"和"童话"的儿童，所体验到的惊奇和悲伤;《婚事》(1908年)表现出黑塞写作风格的另一面，描述一个常年在婚姻生活港口的遥远处围绕逡巡的男人，为婚姻所作的努力，字里行间充满幽默和警世的意味;《大旋风》(1916年)象征男孩子身心成长间所经过的一道关口，少年多梦的日子尚未逝去，爱的幼苗已开始面对大旋风来临前的阴郁，爱的心理，微妙繁复，青春期的烦恼，难堪难忍。

我的小传

黑塞，1925 年

    战后最初几年，我曾经两度用童话、半幽默的形式写了概观自己一生的文章，因为那时朋友们认为我有点难以了解。其一是《魔术师的童年》（*Kindheit des Zauberers*），这篇文章很合我意，但仍是片段的。另一篇是以让·保尔（Jean Paul）为榜样，以预测未来的方式尝试写的《猜想传记》（*konjektural biographie*），1925 年刊载于柏林《新评论》（*Neue Rudschau*）杂志上，本文即为该文略作修改之作。

    多年以来，我设法把这两篇作品连接起来，但是最后还是找不出可以把这两篇基调和情绪完全不同的作品结合起来的方法。

在近代即将结束的时候，中世纪复活开始前不久，射手星座当令，朱庇特星温煦照耀下，我诞生了。这是 7 月煦和的日子，离黄昏还有一段距离。当时的温度是我一生都喜爱不已、不断追求的温度，温度一降低，那就极其烦恼。在寒冷的国度，简直无法活下去，以前我喜欢旅游的地方都在南方。

我的父母信仰笃诚，我也深爱父母。如果不是被过早地教导摩西《十诫》中的第四诚的话，我大概会更深爱他们。劝诫的言辞不管出于怎样的诚正善意，遗憾得很，只能给我索然无味的印象。我这个人就像天生的羔羊，像肥皂泡那样柔顺。但是一碰到劝诫的话，不管什么类型，我总以反抗的态度处之，少年时期尤其如此。只要听到"你要这样做"的话，我的心立刻就变得桀骜不驯。这种特性给我的学生时代带来极不利的影响，读者大概也想象得到。

在世界史这门趣味盎然的课程中，老师告诉我们，世界经常自造法则，并受破除传统戒律的人支配、指导、改变。又说，这类人才值得尊敬。但这说辞跟其他的课程一样，全是假话。因为如果我们当中有人不管是善意还是恶意，一旦拿出勇气，反抗某些戒律或无聊的习惯和时尚时，不但不会受到尊敬，或被推奖为全校的模范，反要遭受处罚，受尽嘲弄，被老师们战战兢兢的优越性压制下去。

幸好，早在开始学校生活之前，我已拥有活在世上最重要、最有价值的东西。我有敏锐、细腻、精微的感知能力。由于这种感知力，我才能获取许多乐趣。后来，由于抵不住形而上学的诱惑，我的感知力曾经一度受到压制和忽视。但是，在润物无声中养成的感知世界的能力，经常包围着我，尤其是视觉和听觉，在我的知性世界中发挥着重要作用，虽然后者看起来很抽象。

因而，如前所述，早在学生生活开始以前，我便穿上了一副铠甲。故乡的城镇、鸡舍、森林、果园、职工的工作场，我都非常熟悉，树、鸟、蝴蝶也都认识，我会唱歌，也能吹口哨。此外，活在世上所需要的各种事情，我都懂得。学校的学问也应该加进去。对我来说，这很简单，也很有趣，在拉丁文里，我更能发现真正的乐趣。大概就是在那时候，我开始写德文诗和拉丁文诗。

学校生活的第二年，我学会说谎的技巧，悟得交际的秘诀，这应归功于一个教师和一个助教。在这以前，由于孩子的诚实和易于相信人，我接二连三遭遇了悲惨的命运。这两个教育家很快就让我了解到，教师并不是要学生诚实和爱真理。我被迫将一种不规矩的行为嫁祸他人，这本是一件微不足道的事，但我却因这件小事受到过分的审查。于是两个教师责骂我、打我，最后我还被迫写坦白书。这样做，不仅没有让我悔过，反而令我怀疑教师阶级的品格。

然而可贵的是，我也慢慢地认识了几位真正可敬的像教师样的教师，但伤痕仍然无法痊愈。不仅学校的老师和我的关系，就是一切权威跟我的关系也被扭曲，格格不入。不过，大致说来，学生生活最初的七八年间，我是善良的学生，至少名列前茅。一个人要完成自己的人格，一定会同周遭发生冲撞，当这场不可避免的战斗开始时，我也渐渐和学校产生了冲突。但真正懂得这种战斗的意义，要到二十年以后。当时只知战斗，我已被无望包围，引发了可怕的不幸。

事情是这样的，十三岁那年，我清楚地知道，我要做个诗人，我不想从事其他任何职业。但是，慢慢地又加入了其他痛苦的想法。谁都可以当教师，做牧师、医生、工人、商人和邮递员，也可以成为音乐家、画家和建筑师。通向社会上各种职业的道路都已筑好，从事这些职业的条件也都具备。有学校，也有指导初学者的教授。可是，唯独诗人没有这条门径！以诗人存在，以诗人扬名，才应是可被允许的，甚至才算是光荣的。遗憾得很，他们往往是抱憾而死的居多。

做诗人已不可能，想当诗人，正如我很快就发觉的，几乎是一件可笑的事，也是一个丢人现眼的话柄。所以，我只好开始学习该学的事。简单说，诗人是一种存在，但不是可以通过学习而成为的。

不只如此，甚至爱好文学和自己特有的文学才华，也被老师怀疑，被人妨害和轻视，有时还遭遇到令我羞怯欲死的命运。诗人的命运跟英雄的命运一样，也和一切刚健美丽、意气非凡的人物和努力一样。换句话说，在过去，他们都非常卓越，所有学校的教科书都在赞美他们，但是在现在和现实中，他们都是被憎恶的。教师被训练出来，大概只是为了阻碍杰出自由的人成长及伟大光辉业绩的达成罢了。

因而我知道，我和我的遥远目标之间只有地狱。一切对我都不确实，一切都已丧失其价值。只有一个事实，是千真万确的，我想作诗，不论难易，不论荣辱，总之，我想做个诗人。这种决心——毋宁说这一宿命——的外在结果就是这样的。

我十三岁的时候就开始和学校发生冲突。那时候，我的品行不管是在家里还是在学校，都有很多可訾议之处，因而被流放到别镇的拉丁文学校。一年后，就读于神学校，学习希伯来文字母的写法。正当我要弄明白 "dagesh forte implicitum" 的意思，就在那时候，突然内心兴起一阵激烈的暴风雨，我逃出了神学校。结果遭受到监禁的重罚，于是，我向神学校道别了。

过后不久，我尽力想在一所高级中学继续我的学业。在此，结局也是监禁与退学。此后有三天，我在商人那里当见习生，旋即逃离，藏了几天几夜，让父母极为担心。其后半年，我做父亲的助手。又在机器工场和座钟制造厂见习一年半。

总之，有四年半以上的时间，我做什么都非常不顺利。学校待不下去，当学徒也不能持续长久。各种想让自己成为有用之人的尝试都归于失败，而且以污名、可耻、逃亡和放逐结束。不管到哪里，人家都承认我有好天分，甚至认为我有一些真诚的意志。加上，我一直都是一个特别肯读书的人，虽然我一直对怠惰的美德表示敬意，但是，在怠惰这一点上，我从未掌握它。

十六岁那一年，上学不很顺利，我自觉地开始自习，而且全力以赴。家里有祖父的庞大藏书，真使我高兴愉悦，觉得幸福无比。客厅排满了旧书，十八世纪的德国文学与哲学莫不齐备。十六岁到二十岁这几年，我不仅写了许多早期的试作，也读了大半的世界文学，对艺术史、语言学和哲学也耐心地啃读。这大概足以弥补正规的研究了。

之后，我当了书店店员，足以赚取面包维生。总之，我跟书本的关系比跟木螺丝和铁轮衔接的关系更深、更密。起初，我涵泳于新发行的和现代的文学书中，啊，不，可以说是完全沉迷于其中。这种乐趣几乎如醉如痴。当然过不久，我发觉，像现在这样生活在最新的书中，精神上是难以忍受而无意义的；只有跟过去的作品、历史的事、古老的作品和原始世界不断发生关系，才是使精神生活可能维持下去的方法。

于是，刚开始时的那股乐趣逐渐消失，深觉应由新刊书的泛滥中回归到古籍。因而，我由新书店转向旧书店，将计划付诸实施。但是，只有在必须维系生命的时候，才忠于职业。

二十六岁时，由于最初的文学成就，我放弃了这项职业。

接着，我又遭遇了许多风浪和波折，忍受了种种的牺牲，终于达到了目标。虽然一般人认为简直不可能，但最后我还是成了诗人，看来好像也战胜了与社会长时期的艰苦战斗。在学时期与成长时期，我屡次濒临毁身的绝境。这种苦涩的回想现在已经被忘得一干二净，甚至能含着微笑来重加陈述。以前对我深表绝望的家人和朋友，现在都以笑靥相向。我胜利了。现在无论做了什么蠢事或无聊的事情，世人都认为了不起，我自己也觉得非常舒服。我现在才发觉自己已在多么可怕的孤独、禁欲和危机中过了好几年。被世人激赏的温煦微风使我愉快，我开始成了一个心满意足的人。

我的外在生活有一段相当长的时间在平稳愉悦中度过。我有妻子、孩子、家屋和庭园。我写了几本书，被认为是可爱的作家，与世人和睦相处。1905年，为了反对威廉二世的独裁，我帮助别人创办了一份杂志。不过，到最后，我仍然没有认真思考过这一政治目标，而且一直都在瑞士、德国、奥地利、意大利、印度旅游，看似万事顺畅无比。

1914年的夏天终于来临了。突然间，内外的世界似乎都完全不同了。我知道，我们往昔的幸福是建立在不安定的基础上的。因而，苦难——伟大的考验开始了，所谓伟大的时代开幕了。迎接这伟大时代的我，很难说比别人准备得更周详，态度更安详明朗。那时候，我跟别人唯一不同的是，我缺乏大多数人所拥有的伟大慰藉——振奋。于是，我又回归到自我，并与周围的世界冲突。我应该再度进入学校，必须再度遗忘自我的满足，忘记安于社会现实。由于这一体验，我才跨过第一道门槛，走进生活中。

我不曾忘记过大战第一年的小小体验。为了能够主动、有意义地顺应这变化的世界，我去访问大野战医院。当时，我认为我一定适应得了。在这伤患医院中，我认识了一个独身的老妇人。她以前过着好日子，靠财产的利息生活，现在则在这野战医院中当护士。她以动人的振奋之情告诉我，能遭逢这伟大的时代多么值得骄傲与喜悦。我当然了解她的心情。因为对她来说，要使惰性、完全自私的老处女生活变成精力充沛、较有价值的生活，就需要战争。

但是，走廊上满是包着绷带、身体因中弹而扭曲的士兵，客厅内充满手足残缺的人与濒死的人，听她谈起自己的幸福，我真有窒息之感。纵使很了解这妇人的振奋，我仍然无法随她振奋，也无法肯定她的说辞。每当有十个伤患交给这位兴奋的护士时，她的幸福顿然间似乎就提高很多。

是的，我无法随着这大时代而兴奋。所以从一开始，我就在战争中尝到悲凉的痛苦。对于从外部、从晴朗天空吹来的不幸，我曾绝望地抵抗了好几年。我四周的人群全都疯狂地陶醉在这不幸之中。当我看到诗人们在战争中找到喜悦的新闻报道，读到教授们的呼吁和名诗人来自书房的战争诗时，更倍感悲怆。

1915 年的某一天，我公然地将这种悲怆的告白公之于世，在这告白中，我感叹精神生活者竟然除了强调憎恶、扩大谎言、赞美大不幸之外，毫无所能。我以相当慎重的态度表白这些不满，但在祖国的报纸上，我却被宣称为叛逆——这对我来说是新的体验。我跟报纸的接触虽然很频繁，但未尝一次受到这么多人的唾弃。这非难指斥的记载被我家乡的二十家报纸转载。我本以为在报社中有许多友人，却没想到他们当中只有两个人敢挺身出来替我辩护。

老朋友告诉我，过去他们心中都养着毒蛇，此后，这颗心只为恺撒（皇帝）和帝国而鼓动，不会为我这种堕落的人鼓动。从陌生人那儿也寄来许多侮辱我的信。出版业者告诉我，他们不愿与应被唾弃的作者来往。许多信的封套上都附有一个饰物，那是以前不曾见过的。这饰物原来是写着"神呀！请惩罚英国！"的小圆邮戳。

人们也许会认为，我又从心中嘲笑这种见解。但我并没有笑。这种看来不是十分重要的体验，结果却在我的一生中带来了第二次大变化。

在此，你大概会想到，我的第一次变化是在立誓要做个诗人的瞬间发生的。以前的模范生黑塞变成了不良学生，他受处罚，被退学，到哪里都品行不端，不仅自苦，也使双亲时时担心，因为他在周边世界（或者似平凡的世界）与自己心声之间找不到和解的可能性。同一现象又在战争中重新出现了。我发觉我又跟以前和睦相处的社会冲突了。

于是，做什么都不顺利，只好再度回到孤独悲惨的处境中。我的所思所为都遭受他人怀有敌意的误解。我看见，在现实与我寄望的美好理性世界之间横亘着绝望的地狱。

但是，这一次，我不能不内省。我知道，我必须把自己痛苦的责任求之于自我，而非求之于外界，因为我深深体悟到：指责世界疯狂与野蛮的权利，不在人，也不在神，更不在我。因而，如果我跟变移的社会发生冲突，那必定是由于自己有种种混乱。的确，我自己有混乱。在自己的内部攫住这种混乱，并试加整理，着实不是一件愉快的事。当时还有更明显的事，那就是我为了要跟世人和睦相处，不仅要付出极高的代价，而且还须跟世界的外在和平一样模棱两可。

由于青年时代漫长的艰苦奋斗，我不只在社会上赢得地位，也自以为现在已是诗人。可是，成功与幸福只给我平凡的影响，我满足、懒散。仔细观之，诗人跟通俗作家实在没有什么区别。我太顺利了。逆境经常是好的修业，对此，我必须讲求对策。于是，我慢慢学得将世上的纠纷委之于世事的推移，整体的混乱与罪恶已经和自己发生关联了。这一点可由我的著作看出，在此不用多说，必须读者自己去看。

现在，我仍然暗中怀着希望。我的民族中好像已经有很多人（虽非全部）慢慢觉醒，有强烈的责任，而且正跟我一样在进行检讨。大家心中都怀着疑问：对于不善的战争、不好的敌人、不良的革命，自己为什么也跟别人一起犯了罪，要如何方能脱罪呢？大家都不会再叹息或咒骂了吧。因为如果我们承认自己的苦恼与自己的罪，而不再委罪于人，我们总有一天会脱罪，会恢复洁白之身。

新的变化开始在我的著作和生活中出现，可是，大多数朋友都摇首，不敢苟同，舍我而去的人为数很多。这跟我失去家屋、家人以及其他财产和生活的方法一样，是我生活上的一种变貌。这段时日我每天都向过去告别，每天都觉得再也无法忍受，但我们仍然活下去，也不知为什么，我始终爱着这种只会带来痛苦、幻灭与损失的异样生活。

在此，我想附笔一句：战争中，我有幸运星或守护神之类的东西。我怀着苦恼，深觉孤独，而在那变化开始之前，时时认为自己的命运很不幸，也很可恨。可是，在这期间，苦恼和包围着苦恼的状态，反而成了我应付外界的守护者和铠甲，助我良多。因为我是在可厌的环境中度过战争的，那时，政客、间谍、股票商全麇集于我所在的瑞士首府伯尔尼。这儿正是德国、中立国与敌国的外交集中地，因而一夜之间即人满为患，而且尽是外交官、政治密使、间谍、记者、囤积者与走私商人。

我生活于外交官和军人之间，还跟包含敌人在内的许多国家的人们来往。我四周的气氛已形成一个网，网中有间谍、双重间谍、侦探、阴谋和政治上的变动，但我在整个战争期间却完全没有注意到这一些。我被怀疑是间谍，我受到间谍的监视，我被敌国、中立国及自己国家的人怀疑。但这一切，我都丝毫未警觉。很久以后，我才略有所闻。在这氛围中，我为什么能够不受害，超然地活下去，自己也觉得奇怪。但这一切都已经过去了。

随着战争的结束，我的变化也完成了，试炼的痛苦也臻于极致。这痛苦跟战争与世界命运没有丝毫关系。对住在外国的我们来说，德国的败北早在两年前已确实预料到，所以一点也不觉惊奇。我已经完全闭锁在自我和自我的命运中，但我常常觉得这样才能和整体的命运发生关联。我也在自我中发现了世上的所有战争和杀机、一切轻薄、享乐和懦弱。我首先丧失了自尊心，接着又丧失了自我轻蔑之意。在混乱中，我有时满怀重睹自然与纯真的希望，有时却又丧失此一希望，最后只好一心一意凝视着这混乱。觉醒的人，真正自觉的人，都可能会有一次，甚至多次走过那通往荒野的狭道——将此事告诉他人，终究是徒劳！

朋友离弃我的时候，我常常觉得很悲哀，但没有不快，毋宁说我觉得这才是对自己所走之路的确认。这些老朋友对我说，你以前是个敏感的人，是个诗人，但你现在所提出的问题却如此无趣。是的，的确如此。当时，我已经顺利地超越了嗜好或性格之类的问题，已经没有一个人能懂得我的话。这些老朋友指责我，说我所写的东西已失去美和和谐。是的，他们说得没错。但是这一类说辞只会使我发笑，接受死刑宣告的人、被夹在断壁中拼死命往外逃的人，美和和谐究竟有什么意义？

如果违反自己一生的信念，我也许就不是诗人了。难道美的生活只是一种迷惑吗？为什么不是？连这点也不重要了。我闭目投身于地狱，这也是无聊而微不足道的。也许，我错估了自己的天职与才分。但这又有什么关系？以前，我洋溢着童稚般的喜悦，自以为这才是我的使命，但现在已经不存在了。从很早以前，我就无法在抒情诗、哲学这类专门性著述中观察到自己的使命，啊，不，毋宁说是救赎之道，我只能在自己内心的活动中看到那真正强而有力的一丝活力。同时，我也毫不保留地向我心中所感受的东西宣誓效忠，于是我发现救赎之道。这就是生命，就是神。

后来，跟生命有关的极度紧张时代过去，这一切似已发生奇妙变化，因为当时的内容与名称现在已经没有意义，前天的神圣事物，现在听来已近乎滑稽。

战争结束的那一年，1919 年的春天，我隐居于瑞士的乡野，成为一个孤独的隐士。我一生中（这是父母与祖父母的遗传）不仅热爱印度和中国的智慧，也常引用东方富于象征的语词来表现自己的新体验，因而人们常称我"佛教徒"，当时我只一笑置之。因为在根本上，佛教比其他任何信仰都远离我。后来，我才慢慢发觉佛教也隐藏有一些正确的东西——真理。

如果能够依个人自由选择宗教的话，我一定会因内心的憧憬而加入保守性的宗教，亦即加入儒教、婆罗门教或罗马教会。但这不是来自天生的亲近感，而是来自与亲近感相对的憧憬。因为我刚巧生在虔诚的新教家庭中，同时从心情和气质来说，我也是一个抗议者（Protestant）。我对现在的基督新教深表反感，但新教与抗议者并不矛盾。真正的抗议者，从本质而言，肯定发展多于存在，因而，不只对其他一切教派，就是对自己的教会也常加以反抗，在这意义上，佛陀大概也是抗议者。

自从那次变化发生后，我已经失去作为诗人的依据，对自己文学作品的价值也缺乏自信。写作已经无法给我真正的喜悦。可是，人须有喜悦。无论在多痛苦的情况下，我都一直在寻求喜悦。我可以不要正义、理性、生活与社会意义，我知道，纵使社会上没有这类抽象的东西，还是可以活得好好的——但是一谈到喜悦，即使一丝喜悦，我也不会放弃。我希望能获得这微小的喜悦。这希望是我还能相信的内心小火焰。我认为用这火焰可以重建一个世界。

我常在一瓶葡萄酒中寻求自己的喜悦、梦幻与遗忘。的确，这对我甚有裨益。以此观之，葡萄酒实在值得称颂，但葡萄酒带来的喜悦还不充分。有一天，我又找到了全新的喜悦。已经四十岁了，却突然画起画来，但我不认为自己是画家，也不想成为画家。只觉得画画很美，可以使人快乐，也可以磨炼人的耐性。画画之后的手指不会像写字那样变得黑漆漆，却可染成不同的色彩。

对于我画画，大多数朋友都非常生气，就这一点来说，我不大幸福，当我有所需要，当我希求幸福与美的时候，大家总是苦脸相对。他们喜欢别人永远保持原状，永远不要改变脸上的表情。可是，我的脸却加以拒绝，不时要求改变表情。对我自己的脸来说这是必要的。

世人对我的另一项非难，我也认为非常正确。他们说我缺乏现实感。我写的诗和作的画都跟现实不相符。写作时，我常常忘记有教养的读者对书籍所提出的要求。其实，我的确也缺乏尊重现实的想法。我认为现实是最不值得介意的。因为现实老是存在，令人厌烦。相反的，较美的东西、更需要的事物经常吸引我们的注意力，使我们惦记关怀。不管在何种情况下，现实总无法使人满足，无法使人尊敬、崇拜，因为现实是偶然，是生活的屑末。这贫瘠，经常使人失望，毫无趣味的现实，除非我能够否定它，能够表示我们比它强，它总是维持常态，不肯改变。

人们都说，我的诗作中缺乏一般对现实的尊重。我作画时，树有脸，家屋会笑、会跳舞、会哭泣。树大抵很难分得清，是梨树还是栗树。这种非难我必须甘心接受。老实说，我经常认为我自己的生活跟童话简直一模一样，也常常看到或感觉到，外界与我的内界存在于被称为魔术的关联与和谐中。

我还做过两三次蠢事。譬如说，有一次我对著名诗人席勒说了无聊的话，以致南德保龄球俱乐部的全体会员宣称，我是一个伤害祖国神圣人物的畜生。从几年前开始，我已经能够绝对不再做出伤害神圣人物、激怒他人的事。我想，这是一项进步。

所谓现实对我并未扮演很重要的角色，过去经常跟现在一样满溢我心。现在似乎无限地遥远，所以我跟大多数人一样，无法把未来和过去完全区分开来。我大多生活在未来中，因而无须以今日来结束我的传记，还可以慢慢地延续到将来。

现在，我只想简短地预测一下我的人生曲线是如何完成的。1930 年以前的若干年中，我还会写几本书，后来就永远放弃这个职业了。我到底可不可以算是一个诗人？这问题已由热心的年轻学生加以探究，写成两篇学位论文，但是仍未解决。因为经过近代文学的绵密考察，知道造就诗人的流动因素在近代已经非常稀薄，因而诗人与文学家已经很难区别。

但是就客观处境而言，这两位博士研究生导出了对立的结论。依据较能引起共鸣的学生意见，这种愚昧稀薄的诗已经完全不是诗，纯文学没有生存的价值，所以现在被称为文学的东西只好让它静静地死去。另一个学生则无条件地尊重诗，不管它多稀薄，所以他认为慎重地承认几百个非诗人的作家，也不比对可能是真正诗神的诗人采取不当的态度好哪去。

我专心一意地涵泳于绘画和中国魔术中，其后的若干年则渐渐与音乐发生关系。写一部歌剧，是我晚年的野心。在这部歌剧中，现实的人类生活并未被认真地对待，甚至会被加以嘲弄。但是，其永恒的价值，会以神性的象征、飘扬的衣裳大放光彩。

从魔术的观点解释人生，比较令我觉得亲切。我曾经一度不是"现代人"，经常认为霍夫曼的《金罐》或《海因里希·冯·奥夫特丁根》是比所有世界史和博物志更重要的教科书。——不管从哪方面来说，读世界史和博物志，都可以发现其中含有令人着迷的寓言。

但是，我生命的另一个时期已经开始了。在这个时期，业已完成和过度分化的人格再完成、分化，已失去意义；同时，在这个时期也出现了一个课题，那就是让尊贵的自我再度沉没于世界中，并面对无常，将自我编入超越时间的永恒秩序里。要表现这种想法或一生的使命，必须运用童话的方法。我认为歌剧是童话的最崇高形式，我不相信在我们滥用、僵灭的语言中有真正的语言魔力。但是音乐在今天仍然可以说是枝上会长出乐园苹果的生命树。

我想在自作的歌剧中表现我的文学作品无论如何都无法表达清楚的事物，也就是说，我想赋予人类生活一种高尚动人的意义。我歌颂自然的清净和无穷的丰盈，追随自然的步伐，借自然难以避免的痛苦，以臻至相反的精神层面。这样，横跨在自然与精神两极的生命跃动，就可以像高挂空中的彩虹那样，明朗艳丽地表现出来。

但是，很可惜，我的歌剧并没有完成，就跟文学的情形一样。于是，我只好放弃文学，因为我认为重要的事情，在《金罐》与《海因里希·冯·奥夫特丁根》中已说得比我的纯粹好几千倍。我的歌剧也跟这种情形一样。我费了好几年工夫，累积了音乐的基础研究，写完若干草案，并且顺便再度尽可能地仔细探索自己作品的本来意义与内容。到这时我才知道，我在歌剧中所追求的东西，莫扎特的《魔笛》已巧妙地表现了。

于是，我放弃了这项工作，越发倾心于实际的魔术。我作为艺术家的梦是一个幻影，我无力写出《金罐》和《魔笛》，但魔术师是天生的。从很久以前，我就开始走上《老子》与《易经》的东方之路，而且走得很远，所以我很能了解现实的偶然性和可变性。现在，我已利用魔术任情地操纵这现实。老实说，对此，我颇能自得其乐。坦白说，我不能独自待在被称为白魔术的优雅庭园中，有时也会被内心中的小火焰引进黑魔术的邪道里。

过七十岁的那一年，有两个大学刚刚授予我名誉博士，我却用魔术诱惑了一个少女，而被拉进法庭，在牢房中，我要求给我画笔。法院答应了。于是，朋友们给我带来绘具和颜料，我在牢房墙上描绘小风景，于是我再度回归到艺术。作为艺术家，我曾搁浅了好几次，不致受到妨害，所以我能够再度饮尽甜美之杯，像戏耍的孩子，筑起眼前小小的可爱的游戏世界，使自己心满意足，进而再度扬弃一切智慧与抽象，追求创造的原始乐趣。

因此，我又画画、调颜料、润书笔，调成红色明亮愉悦的色调，黄色丰盈纯粹的色调，蓝色深沉动人的色调，并且像音乐般把这些调制成淡灰色，再度享受到无限的绘画妙趣。幸好，我能够孩子般地进行创作游戏，在牢房墙壁上画一幅风景。这风景除了我一生中所喜爱的山川、海、云与收割的农夫之外，还包括其他许多使我愉悦的美。画的正中间有条小铁路，向山上延伸，就像啃啮苹果的虫子，把头埋进隧道中。火车头已经进入小隧道，从那黑圆的洞中吐出棉絮般的黑烟。

我的游戏完全把我迷住了。由于回到艺术，我不仅忘记自己是囚犯、被告，忘记在牢房之外无法终我一生的事情，有时也忘记自己在施展魔术；而且当我用细细的画笔绘出小树和小朵白云的时候，我觉得自己是魔术师。

可是，现实目前已经无法跟我修好，它倾全力讥讽我的梦，并且不断地加以破坏。每天，我都被拉出去，受到监视，被带到极不舒服的场所。这儿，那些不高兴的人坐在堆积如山的文件中问我。但他们不相信我的回话，恶毒地责骂我，或者像三岁孩童般对待我，或者把我当作狡黠的罪犯。要了解这骇人，像地狱一样的官衙、纸张、文件的世界，实在不需要成为被告。在人们制造的所有的奇妙地狱中，我认为，这世界是最像地狱的地狱。

如果你因搬家，或结婚，需要申请护照或公民证书，你就会站在这地狱的正中间，并在这纸张世界的不通风房子里度过苦涩的时间，受无聊、慌张而无趣的人盘问、斥责。不管你说出多坦率真实的话，也不会被对方相信，而且会受到学童或犯人般的待遇。这是谁都知道的。如果我的颜料不能够不断地使我愉悦，获得慰藉，再者，如果我的画，我的美丽小风景不能给我空气，使我复苏，那我就会在这纸的地狱中窒息、枯萎。

有一次，当我站在这幅画的前面时，狱卒拿着无聊的传票跑来，把我从这快乐的工作拉开。于是，对这一切行为与这丧失精神、野蛮的整个现实，我直觉倦怠欲呕。我想，现在该是结束苦恼的时候了。如果不准我无碍地玩着这种天真无邪的艺术家游戏，我只有使用多年来热衷从事的较正经的技艺了。没有魔术，此世是无法忍受的。

我想起了中国的处世训，也在瞬息间脱离了现实的迷惘。于是，我礼貌地对狱卒说，请你们等一下，我要搭画中的火车去找东西。他们认为我疯了，脸上浮现着与平时一般无二的笑容。

于是我变小了，进入画中，坐上小火车，并且随着小火车爬进那暗黑的小隧道。过不多久，人们便看见棉絮般的黑烟从圆洞中溢出。过一会，烟散了，消失了。整个画和我也消失了。

狱卒们茫然若失，呆在那儿。

黑塞年谱

- 1877 年 7 月 2 日：黑塞出生于德国南部施瓦本地方的小镇卡尔夫。

- 1881 年，4 岁：一家移往瑞士的巴塞尔。双亲从事指导海外传教士工作。

- 1882 年，5 岁：黑塞已经会做即兴诗。

- 1886 年，9 岁：一家搬回卡尔夫小镇。

- 1890 年，13 岁：为准备进入神学院，就学于图宾根拉丁语学校，立志要做诗人。

- 1891 年，14 岁：9 月，考入莫尔布龙神学院。

- 1892 年，15 岁：3 月，突然离校，放弃学业。5 月，为医治神经衰弱，被送至神学者之家寄居，意图自杀，未遂。11 月，进入坎斯塔特（Cannstatt）的高级中学。

- 1893 年，16 岁：10 月，由高中退学。10 月底，到书店见习，三天后便逃跑，回到卡尔夫为父亲的牧师工作帮忙。

- 1894 年，17 岁：在卡尔夫做机械师学徒，被讥为"神学家工人"。

- 1895 年，18 岁：10 月，在图宾根的赫肯豪书店见习。暂时安定下来，开始写诗和散文。

- 1899 年，22 岁：自费出版第一本诗集《浪漫之歌》（*Romantische Lieder*），发表散文集《午夜后的一小时》（*Eine Stunde hinter Mitternacht*）。这年秋天，转往巴塞尔莱席书店任职。

- 1901 年，24 岁：第一次到意大利旅行。在莱席书店的帮助下，《赫尔曼·洛雪尔》（*Hermann Lauscher*）一书刊行。

- 1902 年，25 岁：出版《诗集》（*Gedichte*），献给母亲，但在《诗集》付印前，母亲已去世。

- 1904 年，27 岁：《乡愁：彼得·卡门青》（*Peter Camenzind*）由柏林菲舍尔书店出版，深获好评，奠定了新晋作家的地位。与玛丽亚·佩诺利结婚，移居博登湖畔的小村盖恩霍芬，沉湎于大自然中，专心创作。刊行小传《薄伽丘》（*Boccaccio*）、《圣法兰西斯》（*Franz von Assisi*）。

- 1905 年，28 岁：长子布鲁诺诞生。

- 1906 年，29 岁：《在轮下：心灵的归宿》（*Unterm Rad*）出版，大获成功。此外，还写了小品文多篇。

- 1909 年，32 岁：次子海纳出生。访问作家维廉·拉贝（Wilhelm Raabe）。

- 1910 年，33 岁：出版描写音乐家的小说《生命之歌：盖特露德》（Gertrud），和瑞士的音乐家缔结深交。

- 1911 年，34 岁：盛夏至年末，到新加坡、苏门答腊、斯里兰卡等地旅行。三子马丁诞生。

- 1913 年，36 岁：出版游记《印度纪行》（Aus Indien）。

- 1914 年，37 岁：描写画家的小说《艺术家的命运：罗斯哈尔德》（Rosshalde）出版。7 月，第一次世界大战爆发，为伯尔尼的战俘保护组织工作，为德国战俘效力，奋不顾身地高呼和平主义。

- 1915 年，38 岁：《漂泊的灵魂：克努尔普》（Knulp）出版。罗曼·罗兰对黑塞的和平主义产生共鸣，8 月来访。

- 1916 年，39 岁：《美丽的青春》（Schön ist die Jugend）出版。父亲去世，三子马丁病重，妻子玛丽亚的精神病日趋严重，这一连串的精神压迫，加上慈善事业过分忙碌，黑塞患了神经衰弱，健康状态逐渐恶化，住进疗养院，接受精神分析学泰斗荣格的学生、精神病医师朗格（J.B.Lang）的治疗。开始阅读精神分析大师弗洛伊德、荣格的著作，受他们的影响很大。

- 1919 年，42 岁：以辛克莱的笔名发表《德米安：彷徨少年时》（Demian），在青年读者中引起巨大反响。离开玛丽亚夫人，移往瑞士南部的蒙塔诺拉（Montagnola）定居。刊行童话集《梅尔恩》（*Märchen*）、随笔与短篇小说《小庭院》（*Kleier Garten: Erlebnisse und Dichtungen*）。热衷于画水彩画。

· 1920 年，43 岁：《画家的故事》（*Gedichte des Malers*）、《流浪》（*Wanderung*）、《混沌一瞥》（*Blick ins Chaos*）、《克林索尔的最后夏天》（*Klingsors letzter Sommer*）等出版。

· 1922 年，45 岁：《悉达多：流浪者之歌》（*Siddhartha*）出版。

· 1923 年，46 岁：5 月，T.S. 艾略特来访。9 月，与第一任妻子玛丽亚正式离婚。获得瑞士国籍。

· 1924 年，47 岁：1 月，与露蒂·布恩卡结婚，妻子的母亲莉莎是瑞士女作家与画家。这次婚姻仅维持三年即告破裂。

· 1925 年，48 岁：出版《温泉疗养客》（*Kurgast*）。秋天，到德国南部的三个城镇旅行，在慕尼黑遇见了托马斯·曼。爱好卓别林的电影，对幽默和讽刺的力量开了眼界。

· 1927 年，50 岁：《荒原狼》（*Der Steppenwolf*）出版。跟第二任妻子露蒂离婚，与妮侬·杜鲁宾相识，后结为终身伴侣。《纽伦堡之旅》（*Die Nürnberger Reise*）出版。

· 1929 年，52 岁：将二十年间最重要的诗作集《夜里的安慰》（*Trost der Nacht*）出版。开始撰写《如何阅读文学》（又译作《世界文学文库》）（*Eine Bibliothek der Weltliteratur*）。逐渐恢复健康。

- 1930 年，53 岁：《精神与爱欲：纳尔齐斯与歌尔德蒙》（*Narziss und Goldmund*）出版。

- 1931 年，54 岁：11 月，与学养丰富的美术家妮侬·杜鲁宾结婚。开始撰写《玻璃球游戏》。

- 1932 年，55 岁：出版《东方之旅》（*Die Morgenlandfahrt*）。为了纪念歌德逝世一百周年，发表《感谢歌德》（*Dank an Goethe*）。

- 1935 年，58 岁：《寓言集》（*Das Fabulierbuch*）出版。

- 1936 年，59 岁：弟弟汉斯自杀身亡。获得瑞士最高文学奖"凯勒奖"（Gottfried-Keller-Preis）。

- 1939 年，62 岁：第二次世界大战爆发。黑塞在当时的纳粹德国是"不受欢迎的作家"，印刷用纸配给也被停止。

- 1943 年，66 岁：在瑞士出版 20 世纪伟大巨著《玻璃球游戏》（*Das Glasperlenspiel*）两卷。

- 1944 年，67 岁：一生挚友罗曼·罗兰去世。

- 1945 年，68 岁：第二次世界大战结束。出版短篇和童话集《梦的痕迹》（*Traumfährte*）。

- 1946 年，69 岁：接受法兰克福市的"歌德奖"，又荣获"诺贝尔文学奖"。发表献给罗曼·罗兰的评论集《战争与和平》（*Krieg und Frieden*）。此后，一直过着闲适安逸的生活。

- 1947 年，70 岁：安德烈·纪德来访。伯尔尼大学授予黑塞名誉博士荣衔。

- 1951 年，74 岁：出版《后期的散文集》（*Späte Prosa*）、《书简集》（*Briefe*）。

- 1952 年，75 岁：庆贺七十五岁的纪念会在德国、瑞士等地举行。六卷本《黑塞全集》（*Gesammelte Dichtungen*）由苏尔坎普出版社（Suhrkamp Verlag）出版。《黑塞全集》后由苏尔坎普出版社扩展至二十卷。

- 1954 年，77 岁：出版《黑塞与罗曼·罗兰往返书信集》（*Hesse, R.Rolland, Briefe*）。

- 1955 年，78 岁：出版《往昔回顾》（*Beschwörungen*）。

- 1956 年，79 岁：在卡尔斯鲁厄市，设立"赫尔曼·黑塞奖"。

- 1962 年，85 岁：8 月 9 日，在蒙塔诺拉家中，因脑出血于睡梦中逝世。

MEILI DE QINGCHUN

美丽的青春

图书在版编目 (CIP) 数据

美丽的青春 /（德）赫尔曼·黑塞著；陈晓南译 .
桂林：广西师范大学出版社，2025. 3（2025.9 重印）.
（黑塞经典）. -- ISBN 978-7-5598-7613-3

Ⅰ . I516. 45

中国国家版本馆 CIP 数据核字第 2025W6P754 号

广西师范大学出版社出版发行

广西桂林市五里店路 9 号　邮政编码：541004
网址：http://www.bbtpress.com

出 版 人：黄轩庄
责任编辑：吴赛赛
助理编辑：袁子淇
装帧设计：▲ 所以设计馆
内文制作：张　佳
全国新华书店经销
发行热线：010-64284815
山东京沪印刷科技有限公司印刷

山东省淄博市桓台县桓台大道西首　邮政编码：256401

开本：830mm × 1110mm　1/32
印张：7　　　　　　字数：122 千
2025 年 3 月第 1 版　2025 年 9 月第 2 次印刷
定价：48.00 元

如发现印装质量问题，影响阅读，请与出版社发行部门联系调换。